新編 幻の鉄路を追う 東日本編

川島令三

はじめに

本書は１９９６年に中央書院から刊行した『幻の鉄路を追う』を元にしたリメイク版である。『幻の鉄路を追う』を刊行してから30年近くの年月が経っており、紹介した幻の鉄路の各路線は大なり小なり変化している。

30年の年月は長い。それらの変化を付け加え、現状どうなっているのか、また、紹介した各路線の復活はあり得るのかについても当時の筆者の考え方と現在の考え方も変化してきている。

当初は１冊にまとめるつもりでいたが、原本でさえ３１８頁もあって、その後の30年の変化、筆者なりの考えの変化を付け加え、さらに各路線について当時の状況が詳しくわかるように未発表の写真、そして30年間の変化がわかる写真、そして現在の写真も加えることにした。

このため１冊では膨大なページ数になってしまうので、東日本編と西日本編の２冊に分けることにした。

本書はその東日本編である。北海道地区の根室本線バイパスルートの路線から中部地区の天竜川に沿って南下する佐久間線までである。

未成線といっても各種の路線がある。原本での執筆方針もそうだったが、復活すると役立つ路線になるだろうという想定を元にして取り上げた未開業の各路線である。

取り上げた各路線を建設した当時は、ローカル路線として遅い列車が申し訳程度に走らせようとしていた。そのような考えをもとに造られたから、開業してもどうせ赤字になる、そうなれば国鉄のお荷物なる。

建設した当時の国鉄は赤字体質から脱し切れておらず、ただでさえローカル路線を切り捨てたかった状況の中に、さらにお荷物のローカル線を加えることはできない。そのために建設を放棄された路線が多い。

しかし、高速化をすればまったく異なった路線になる可能性がある。東日本編でそれに該当する路線は北十勝線と白糠線、それに佐久間線である。原本を刊行後にいろいろな組織や当事者からの意見や情報を頂いた。

北十勝線については根室本線のバイパス線としての機能だけでなく、池北線（のちに北海道ちほく高原鉄道ふるさと銀河線になる）を高速化して札幌から網走へのバイパスとしての機能を加えるつもりだった。いや、そちらの方に重点が置かれていたということがわかった。

しかし、ふるさと銀河線は廃止されて北十勝線の建設が復活されても中途半端な路線になってしまう。もう復活することはほぼ絶望的である。

佐久間線も高速化して東海道新幹線と連携すれば、首都圏と関西圏、それに名古屋地区と飯田地区とを結ぶ重要な路線になると思われたが、30年経った現在では佐久間線沿線と飯田地区の過疎化が進んでしまって、さほど利用されない路線になると想像される。さらにリニア中央新幹線の開業で長野県駅が飯田線の元善光寺駅と伊那上郷駅の間に設置される。すでに建設工事が始まっており、リニア中央新幹線が開業すると佐久間線の高速化復活をしても意味はなくなってしまう。佐久間線の着工区間の相津地区は道の駅として行楽の基地となっている。むしろ「幻の佐久間線」としてミニ蒸機列車を走らせた方がいいように思えてしまう。

西武鉄道が計画していた飯能短絡線も飯能駅を素通りするので用地を確保したものの、現在でも放置されたままである。よほどの住宅地開発が行われない限りは飯能短絡線の建設はなされない。とはいっても可能性がないわけでもないだろうから、今でもそのまま放置されている。

京王が計画していた京王相模原線の延伸は事実上中止になっている。相模原線の終点橋本駅は延伸が可能な構造で止まっていて、将来に期待を持たせていた。延伸予定の津久井地区も橋本駅へのアクセスとして延伸を熱望している。しかし、慢性渋滞していた国道413号津久井街道だったが、圏央道や津久井広域道路の供用開始で渋滞がかなり解消されており、路線バスもスムーズに走ることができるようになった。

小田急が計画していた多摩線の城山地区への延伸は中止になり、多摩線は多摩センター駅から唐木田駅までの延伸が開通し、この先、ＪＲ相模原駅を経由して相模線の上溝駅まで延伸が国土交通省の諮問機関である運輸政策審議会で答申されている。この答申をもとに上溝駅までの延伸には国からの建設補助がなされる。

このため上溝駅までの延伸は幻ではなくなっている。ところが小田急としてはＪＲ相模原駅までの延伸は採算が取れるとしても上溝駅までの延伸は不採算としている。

そんな折に、リニア中央新幹線の神奈川県駅として横浜線橋本駅に隣接して建設が決定され、現在、建設の真っ最中である。京王相模原線が橋本駅に乗り入れていてリニアの神奈川県駅にもっとも近い駅になる。小田急としてもＪＲ相模原駅からリニア神奈川県駅の西側に伸ばしたいだろう。

東海道新幹線の新横浜駅は開通時には田畑の中にポツンと開設された。横浜線と連絡してはいるが、周囲はなにもなかった。現在はビル群に囲まれるようになり、横浜地下鉄が新横浜駅を貫いてあざみ野駅まで延伸された。そして２０２３年春に東急と相模鉄道の新横浜線が開業して交通の結節拠点になっている。

リニア中央新幹線の神奈川県駅もそうなる可能性は大いにある。小田急も神奈川県駅まで延伸して、さらに西進する。京王も同様に西進する可能性はないとはいえない。幻の路線から現実の路線として津久井地区や城山地区に乗り入れる可能性はあろう。

横浜地下鉄の関内駅から延びて県庁前駅を経て本牧方面まで建設する予定だった。しかし、みなとみらい線の開業で不要ということで建設は中止になった。関内駅の分岐線構造は一部を残して撤去された。あざみ野方面への線路の向かいに留置線として残っている。しかし、現在、留置線は壁で覆われて、あること自体が一般の人にはわからないようにしている。

しかし、横浜地下鉄の上大岡付近からみなとみらい地区に行くには横浜駅経由でみなとみらい線に行くという遠回りになる。しかも横浜駅での乗り換えは簡単ではない。やはり県庁に近い日本大通り（にほんおおどお）駅までの枝線があれば便利である。

これらの路線とは話が異なる東北新幹線の盛岡以北の延伸と北海道新幹線の新青森—札幌間の路線は幻ではなくなっている。新函館北斗駅まですでに開業し、新函館北斗—札幌間が建設中で２０３０年に開業予定である。

しかし、１９９６年当時は札幌駅に新幹線が乗り入れてくるというのは夢物語とされ、まさに幻の新幹線だった。１９９

6年刊行の『幻の鉄路を追う』のリメイク版である本書では一番多く頁を割いた。2023年までの27年間に八戸、新青森、新函館北斗と部分開業していった過程を詳述した。

それにしても1971年に北海道新幹線の札幌駅までが基本計画路線として決定して2030年度末の開業、つまり2031年3月の開業というのは60年もかかってしまうことになる。

もっと早期に開業させる手立てとして国土交通省の前身の運輸省は新幹線の暫定整備計画案を公表して、とりあえず工事を進めた。沿線自治体は「ウナギを頼んだのにアナゴが出てきた」と総スカンを国に浴びせた。そしてウナギ、つまりフル規格新幹線の建設に変更したが、そのために60年もの年月がかかってしまうことになる。

とりあえずの新幹線整備はアナゴでもよかったのではないのか。所要時間は長くなるが、それによって新幹線の部分開業の恩恵を札幌駅までの沿線自治体が早期に受けることになっていた可能性もある。

まさにスペインの高速新線（日本で言う新幹線）では日本の運輸省が言うところの暫定整備計画を実行してきた。スペインは日本と同様に在来線と高速新線のレールの幅（これを軌間という）が異なる。

そこで暫定整備計画と同様に在来線に標準軌を併設する3線軌化、つまり高速新線の在来線乗り入れを実現させた。また、既存の高速新線と離れたところでは在来線のレールに合わせた高速新線を建設するという、日本の運輸省案で言うところのスーパー特急方式を採用した。さらに日本では開発を中止した高速列車による軌間可変電車を早期に実現させて3線軌化せずとも新幹線と在来線を行き来できる列車を走らせている。

そして順次、フル規格路線を延伸して在来線の軌間に合わせていた軌間に新幹線用の軌間を加える3線軌化をしている。軌間可変列車と合わせて、在来線と新幹線間を変幻自在に走らせている。

日本でも、そうすればよかったのではないかと思われる。上越新幹線の未開通区間の新宿―大宮間も在来線の活用をして形を変えて早期に実現してほしいものである。しかし、日本ではフル規格の新幹線しか認めなかったし、一般の人もそれが当たり前だと思われている。

フランス、ドイツ、イタリア、スイスなど西ヨーロッパの多くの国では在来線と高速新線とは同じ軌間そして同じ車体の大きさになっていて、多くの高速列車が行き来している。韓国や中国もそうである。高速新線とは郊外区間だけを建設して都心部在来線に乗り入れることで建設費がかかる都心部には高速列車専用の線路を造らないようにして建設費を軽減する考え方である。

つまり首都高速などの都市高速道路は別にして、一般の高速道路が基本的に郊外にインターチェンジを設置して市街地に建設しないで建設費を軽減し、かつ建設期間を圧縮しているのと同じ考え方である。

日本の新幹線は都心部にも専用路線を建設している。これによって建設費は膨らんでしまう。海外の高速新線は基本的にそれがない。軌間が同じだからである。

スペインは軌間が異なっているものの、車体の大きさは同じだからそれを克服して在来線と高速路線とを行き来する列車を走らせている。

日本は世界の高速列車にくらべてガラパゴス化していると心配している鉄道関係者も多数おられる。

しかし、東海道新幹線で過密運転を実施しているＪＲ東海は新幹線と在来線とは別物として扱っている。過密運転をするためにはそれが現実的であり、事故や遅延がほとんどないのはそのためだとしている。

しかし、世界的にみると、逆にそのこと自体が異常と思われている。それだけが要因ではないが、国際的に新幹線技術を導入されない理由とされる。導入しているのは在来線と新幹線の軌間が異なる台湾だけである。

日本的な理由で幻になった路線も多い。１９９６年刊行以来、約30年間に渡って幻の鉄路を追った過程を紹介したものである。新幹線建設に在来線の活用をするだけでなく、本書によって新しい発想によって、さまざまな鉄道各路線を活用して、鉄道のさらなる発展を願ってやまないところである。

２０２３年８月

川島令三

新編　幻の鉄路を追う　東日本編◆目　次

新編　幻の鉄路を追う　東日本編

根室本線バイパスルート——北十勝線・白糠線

北海道内には多数の建設放棄線が存在

国鉄再建法(注1)が成立するまでに日本鉄道建設公団(注2)が運輸省(注3)から認可された北海道内の国鉄新線は14線(注4)があった。

そのうち、完成して幹線となり特急が走っているのは、石勝線に組み入れられた紅葉山線の新夕張—占冠間と狩勝線の占冠—新得（落合信号場）間だけである。名寄—羽幌間の名羽線の一部は深名線に組み入れられたが、深名線は全廃された。仁宇布—北見枝幸間の美幸線未開業区間、北見枝幸—雄武間の興浜線未開業区間はほとんどレールが敷けるところまで進んだが結局開業できなかった。

新得から先は、足寄までの北十勝線と、さらに足寄から白糠までの白糠線が建設される計画だった。石勝線に引き続いて新得—白糠間に根室本線のバイパス線をつくるつもりだったのである。北十勝・白糠両線は、ともに着工され、白糠線は北進—白糠間が開業したが結局赤字のために廃止されてしまった。

鉄道建設公団の資料では、北十勝線は新得—足寄間72kmの路線で、十勝平野北部の開発および白糠線とともに根室本線のバイパスを目的として計画され、昭和47（1972）年に着工、新得—士幌間は、かつてあった北海道拓殖鉄道の軌道敷の一部を流

注1：正式には日本国有鉄道経営再建促進特別措置法といい昭和55年12月に施行、61年12月の日本国有鉄道改革法等施行法110条により廃止した。国鉄再建法の趣旨としては日本国有鉄道の経営の再建を促進するために執るべき特別措置を定める（第1条要約）としている。

注2：現独立行政法人鉄道建設・運輸施設整備支援機構。鉄道敷設法にもとづいて国鉄新線を建設するために昭和39年3月に設立されて、国鉄が建設していた各種の路線の建設を引き継いだ。国鉄の債務を清算する組織として国鉄分割民営化された昭和62年4月に国鉄本社事務組織（ようするに国鉄本社本体）を引き継いだ日本国有鉄道清算事業団が組織され、同事業団の業務を平成10年（1998）10月に承継した。

これに平成9年に船舶整備公団と鉄道整備基金（旧新幹線保有機構）が統合されて運輸施設整備事業団となり、さらにこの事業団と日本鉄道建設公団とが平成15年10月に統合されて、鉄道建設・運輸施設整備支援機構（略して鉄道運輸機構）になった。

注3：運輸省は建設省と平成13（2001）年1月に統合されて国土交通省となった。旧運輸省は鉄道、バス、船舶、航空の管理を主として行い、建設省は道路行政と国土の開発を行っていた。また、運輸省はもともと鉄道省が発祥、建設省は内務省が発祥で犬猿の仲といわれていた。それでも両省

用し一部建設に着手した。白糠線は白糠―足寄間76㎞の路線で白糠―北進間は開通し、残る区間は昭和42（1967）年に着工、一部路盤が完成したと記されている。

白糠線の開通区間の白糠―北進間は第1次特定地方交通線(注5)に指定されて廃止になったが、もし、北十勝線も含めて工事の進捗率が高かったら、石勝線の延長ルートに組み入れられて高速気動車が走っていただろう。そうなると札幌―釧路間は4時間を切っていたのではなかったか。高規格路線として建設を復活すれば、北越急行（六日町―犀潟間）のように最高速度160㎞運転（北陸新幹線の開業によって特急の運転は廃止になって最高速度110㎞にダウン）によってもっと短縮できるだろう。さらに狭軌線で最終目標としている250㎞運転をすれば、これはもう新幹線である。

拓鉄および北十勝線・白糠線の概要

新得と上士幌を結んでいた北海道拓殖鉄道（以下拓鉄）は、昭和3（1928）年に新得―鹿追（しかおい）間の21・0㎞、4年に鹿追―中音更（なかおとふけ）間23・7㎞、6年に中音更―上士幌間9・6㎞が開通し全通した。軌間(注6)1067㎜の蒸気鉄道で、昭和7年にガソリンカーを導入した。戦後の24（1949）年に東瓜幕（ひがしうりまく）―上士幌間は貨客の減少により廃止、続いて39年に瓜幕―東瓜幕間、43年に瓜幕―屈足（くったり）間を休止、同年中に全線廃止となったものである。

白糠線は森林資源の利用、観光開発、それに雄別（ゆうべつ）炭鉱の石炭輸送を目的として、昭和31年に調査線となり、32年に工事線に編入されて工事がはじまり、39年3月の鉄道

注4：岩内、紅葉山、芦別、狩勝、北十勝、名羽、美幸、興浜、白糠、根北、落合、追分、津軽海峡、北海道新幹線の14線、うち開通したのは追分線（石勝線）千歳―追分間、紅葉山線（石勝線）紅葉山（現新夕張）―占冠間、狩勝線（石勝線）占冠―新得間、美幸線美深―仁宇布間、白糠線白糠―北進間だが、美幸線と白糠線は廃止された。

注5：特定地方交通線とは、国鉄から営業を切り離して、第3セクター鉄道または私鉄が引き継いで営業するか、私企業による路線バスに転換するか、もしくは廃止するかのいずれかが適当と思われる国鉄ローカル線である。選定基準別に第1次から第3次まで3段階で選定された。

注6：左右のレールの内側の幅を軌間という。標準軌は1435㎜（4フィート8・5インチ）、狭軌を1067㎜（3フィート6インチ）、京王などの1372㎜は4フィート6インチ、黒部峡谷鉄道などの特殊狭軌は762㎜（2フィート6インチ）である。

建設公団発足後、これに引き継がれ、10月には白糠―上茶路(かみちゃろ)間が開業、引き続き41年から上茶路―北進（建設時の仮称は釧路二股）間の工事が進められ、45年には完成したが、最大の得意先である雄別炭鉱が閉山したため開通には至らなかった。しかし、過疎化を食い止めたい白糠町などの陳情で47年に北進まで開業した。

北進―足寄間は昭和42年に着工、足寄付近の4・2㎞は竣工したが、やはり開業には至らず、55年の国鉄再建法の施行に伴い工事は凍結され、56年に中止となった。さらに既開業区間も第1次特定地方交通線に選定され、58年に特定地交線のトップを切って早々とバス転換されて廃止されてしまった。なお、転換後のバスは白糠町の町営バスである。

北十勝線は、昭和32年に新得、鹿追、上士幌、足寄の各町長が拓鉄の国鉄編入促進運動を開始したことにはじまる。理由としては、建設中の白糠線と結べば新得―釧路間は20㎞短縮されるとともに、石勝線と結んで道東の大幹線となる可能性があることである。36年に予定線に編入、37年に工事線となった。しかし、全区間の測量が行われたものの、43年に国鉄の赤字線大幅整理が行われるようになり、未着工線の工事着手は見送ることになった。

それでも49年に運輸省から工事認可がおりて、起工式が新得中学校で行われた。だが、最初の用地買収段階で農家から農地を分断されるということで揉めて、ルートを変更したりしたために工事そのものはなかなか着手できなかった。一部は着工したが、55年の国鉄再建法によって凍結、そして中止となってしまった。

北十勝線・白糠線の計画ルート

北十勝線は新得駅から、廃止された拓鉄線の路盤跡を流用して進む。根室本線と並行し、途中から左カーブして分かれ、そのまま左カーブしながら十勝国道（国道38号）と交差、佐幌(さほろ)川を渡る。渡ってから旧拓鉄線は右にカーブするが、北十勝線はそのまままっすぐ進んで短絡する。再び拓鉄線の線路敷を流用、北海道道（以下道道）と交差して右カーブして、旧拓鉄線の屈足駅の用地をそのまま流用する。その先で十勝川を渡ってから、旧拓鉄線は右にカーブして十勝川の段丘を迂回し

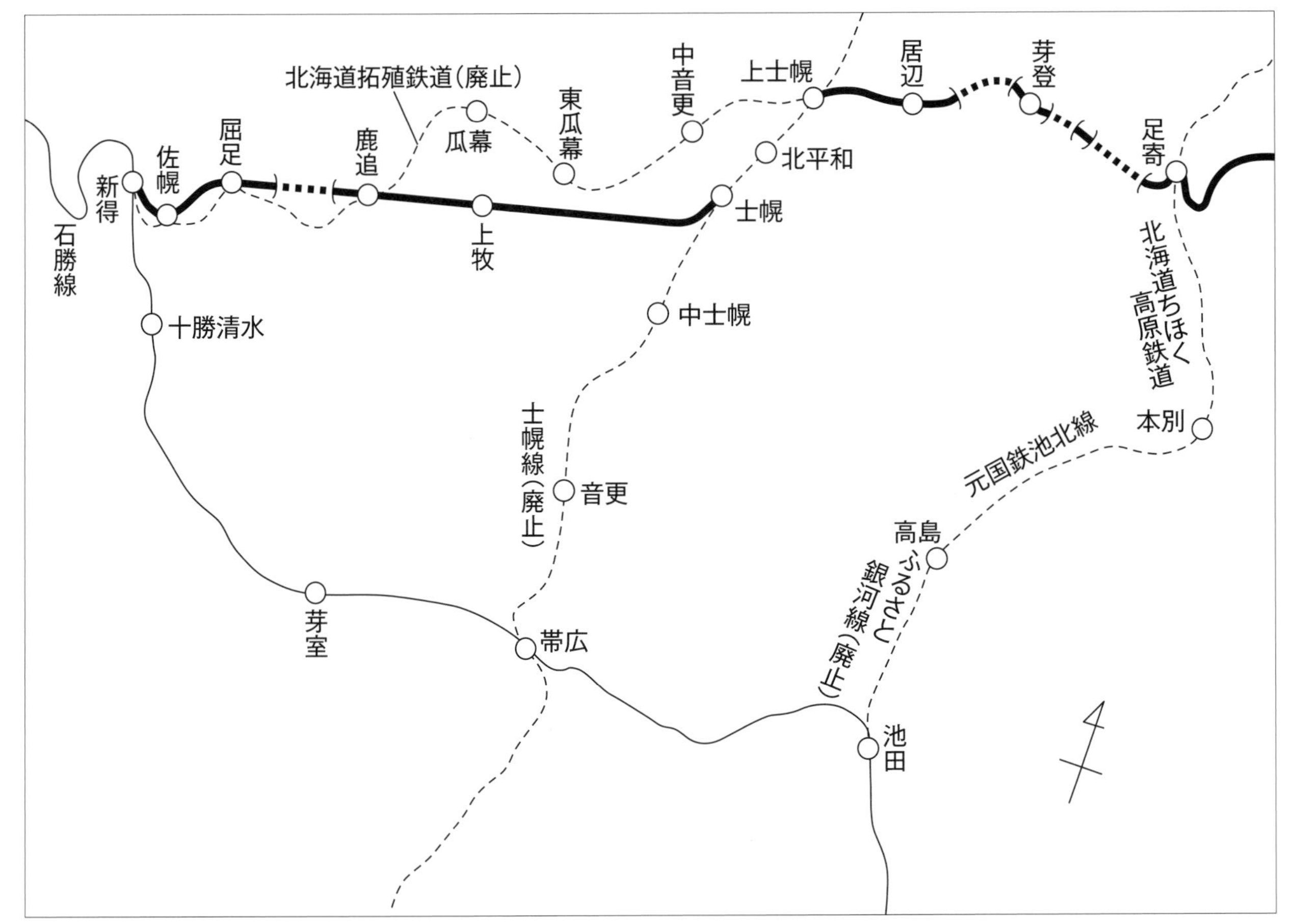
北海道拓殖鉄道（廃止）
中音更
上士幌
居辺
芽登
東瓜幕
瓜幕
屈足
鹿追
佐幌
新得
北平和
足寄
士幌
上牧
石勝線
十勝清水
中士幌
北海道ちほく高原鉄道
士幌線（廃止）
音更
本別
元国鉄池北線
高島
ふるさと銀河線（廃止）
芽室
帯広
池田

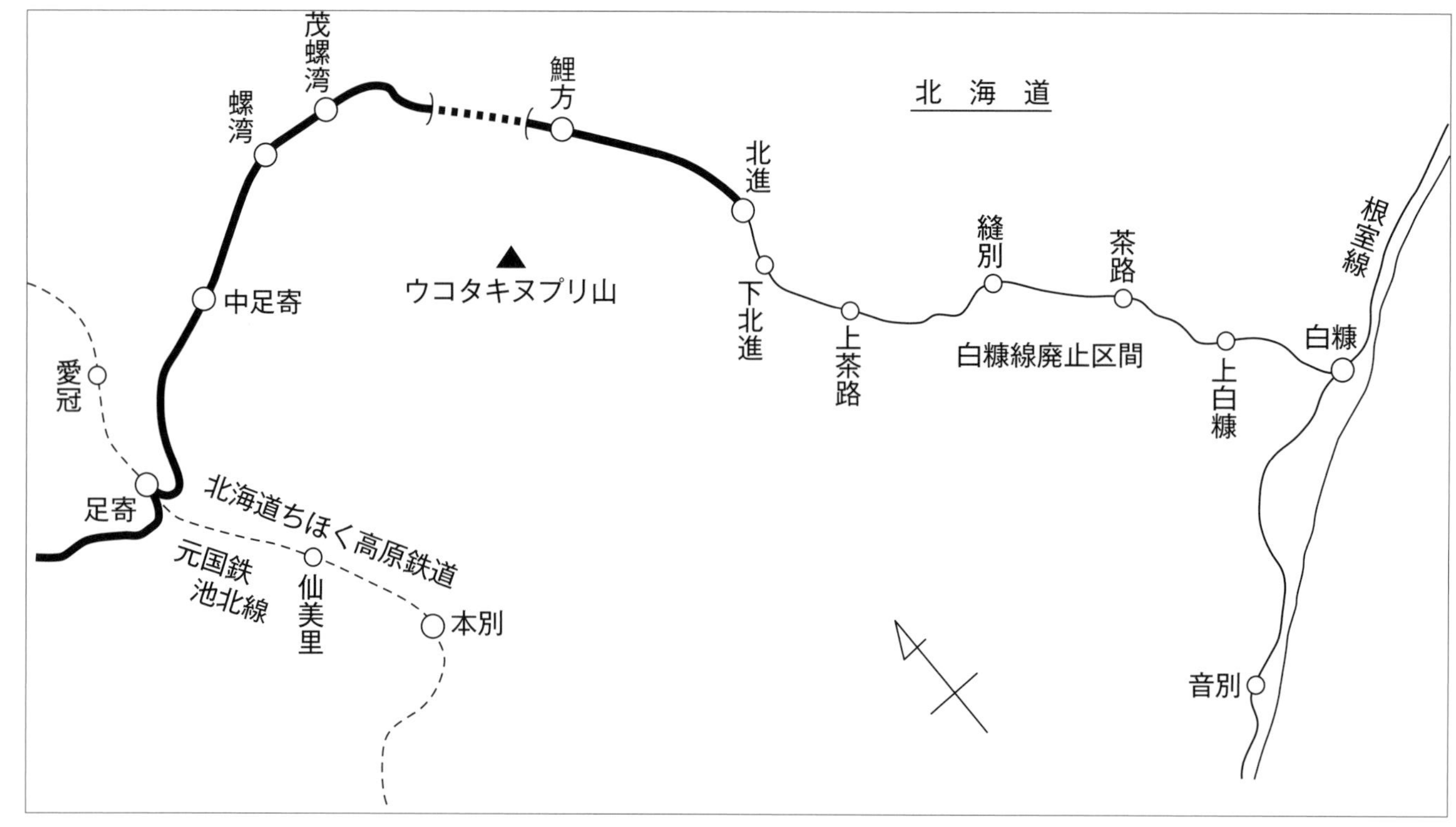
茂螺湾
螺湾
鯉方
北海道
北進
縫別
茶路
根室線
中足寄
ウコタキヌプリ山
下北進
上茶路
白糠線廃止区間
白糠
愛冠
上白糠
足寄
北海道ちほく高原鉄道
元国鉄
池北線
仙美里
本別
音別

ながら勾配を緩くして短いトンネルを抜けるが、北十勝線は長いトンネルでまっすぐ進んで抜ける。

この先は地形による障害物がないために、音更川に突き当たるまで、完全な直線で進む。途中に鹿追、上牧の駅を設置する予定であった（未成区間の駅名は仮称、以下同じ）。

音更川を渡ると左に曲がり、昭和62年にバス転換された士幌線と合流し士幌駅、北平和駅、上士幌駅と進んで、上士幌駅で右カーブして士幌線と分かれる。居辺駅を経て居辺トンネルを右カーブで抜けて、芽登駅となる。国道２４１号足寄街道とやや並行してから、５・２㎞の月見台トンネルを通り、抜けると足寄の街に入り、左カーブして北海道ちほく高原鉄道ふるさと銀河線、元国鉄池北線（平成元年４月に北海道ちほく高原鉄道に転換、平成18年４月に廃止、会社解散）と合流して足寄駅となる。

白糠線は北十勝線とスイッチバックをする形で足寄駅から南へ出て左カーブ、足寄街道と並行して進み中足寄駅となり、螺湾駅で国道と分かれ東南に進み、茂螺湾駅となる。ここからウコタキヌプリ山を抜けるために急勾配となり、途中５・２㎞の釧勝トンネルを通る。トンネルを抜けたところに鯉方駅があり、山を下って北進となる。足寄付近、北進以北の一部区間は路盤工事が完成している。

北十勝線は工事進捗率０・６％、白糠線延長線は12・７％で中止されている。

レール＆レンタカーで現地調査へ

北十勝線はほとんど着工されておらず、白糠線も足寄付近と北進付近の路盤だけが完成しており、北十勝線の一部は拓鉄線を流用する予定だったから、その線路跡も追うことになる。廃止された白糠線白糠―北進間もそうである。さながら廃線跡を見ることになる。

いずれにしても探索はクルマを使わなければならないが、マイカーで行くには遠すぎるし不経済である。このため「レール&レンタカー」、いわゆる「トレン太くん」[注7]を利用することにして、最寄りの駅に申し込んだ。出発3日前の予約だったので、上野―札幌間のブルートレイン「北斗星」はとれず、盛岡駅まで新幹線、青森駅から南千歳駅までは夜行急行「はまなす」のB寝台、南千歳駅で2時間待って「おおぞら」1号の利用となった。新得駅からの「トレン太くん」の予約を申し込むと、指定券発行システム「マルス」はすべての車種で「なし」の返答をし、みどりの窓口の係員は「クルマはないようだ」と言う。このとき、北海道新幹線の調査のために函館、青森の「トレン太くん」も一緒に頼んだが、これらもすべて「なし」の返答だった。

そんなはずはないと、レンタカー予約センターに電話をかけてもらうと、1週間以内の予約は手動扱いになるとのことであった。その扱い方は、電話にて予約センターに申し込み、手動予約したセンターの係員の名をマルスに打ち込むという方法である。

とりあえず、すべての「トレン太くん」の予約は完了したが、これでは急な利用には手間がかかりすぎる。クルマの配車はレンタカー会社のコンピュータを使っており、これとJRのマルスとのやりとりができず、受け持ちぶんだけマルスで発行するという理由のため、1週間以内は手動扱いにしているのだろうが、なんとか瞬時に使えるようにしてもらいたいものである。

これは小田急・JR東海が相互直通で走らせていた特急「あさぎり」[注8]や私鉄バスと共同運行している夜行バス(一部を除く)もそうである。国鉄時代に開発されたマルスのシステムと他の予約システムとの間で通信ができないという欠陥は、是正してもらわなくてはならない(現在は解決している)。

注7:「トレン太くん」は主としてJR東日本の愛称。JR全体としては「レール&レンタカーきっぷ」と呼ぶ。同乗者全員の運賃が2割引き、「のぞみ」「みずほ」を除く特急料金が1割引きになる。

注8:運転区間は新宿―松田―沼津間。現在は小田急ロマンスカーMSEの6両編成を使用して新宿―御殿場間と小田急SSE車単独乗り入れ時代に戻り、列車愛称を「ふじさん」に変更している。

農地と化している拓鉄線跡

新得駅に朝9時30分に到着して、「トレン太くん」の手続きをとり、係員に拓鉄線跡および北十勝線の建設跡はどこに行けば見えるか、と聞いてみる。

「拓鉄線は国道38号と立体交差していたから、国道を走ればすぐわかります。しかし、それ以外の拓鉄線跡はまったくわからないでしょう。鉄道建設公団の建設跡は、北進駅の北側に少しあるがクルマでは行けません」

足寄付近はどうかと問うと、「わからないが、たぶんなにもないでしょう」という返事である。

あまり成果は期待できないかもしれないが、とにかくまず新得駅から拓鉄線の跡をたどることにする。

新得駅から少しの間だけ、はっきりと拓鉄線の跡が残っていたが、その先は不明だったので、国道38号を南へ走り、立体交差個所を探した。これはすぐにわかったが、国道下の拓鉄線の路盤跡はまったく残っておらず、ただ荒れ地が広がるだけであった。

拓鉄線のその先、鹿追方向はどうなのかを確かめようと、国道から左に折れる道を探したがまったくない。しかたなく再び新得寄りに戻って道道を進み、そこから拓鉄線と直交するであろう細道に入ったがやはりわからない。周囲を探していると地元の軽トラックがやってきたので、拓鉄線の跡はどこにあるかと聞いた。

すると、「ここらへんやと思うけど、10年前に越してきたからわからへんわ」と大阪弁で答えてくれるではないか。こんなところで大阪弁を聞くとは思わなかったが、大阪から北海道へ開拓しにきたそうで、拓鉄線の跡は見たことがないという。もともとの地元の人に聞いたらいいと言われたが、まわりを見ても人っ子一人いないからどうしようもない。

とにかくあたりを走り回って、なんとか線路跡とおぼしきものが道路と交差しているのを発見、だがこれが跡とは言いきれないから、遠くに農作業しているお年寄りがいたので尋ねると、そうだという。廃線跡というのはふつう何年もたっても残るものだが、この拓鉄線の跡は他の路線跡とくらべるとまったくわかりにくい。

十勝平野は大農作地帯である。ここは外車の所有率が日本一高い。外車といってもトラクターなどのことで、大規模に機械化されているのである。このため鉄道の築堤などは廃止されて瞬時に農地と化してしまう。工作物（コンクリートの構造物など）以外はトラクターで撤去できる。このため拓鉄線跡の多くは農地になってしまったのである。

ともあれ、この拓鉄線跡をたどりながら北上したが、並行している道路は行き止まりとなったので引き返して、道道に出て屈足に向かう。拓鉄線は道道と交差して屈足の集落に向かっていたが、その跡は確認できなかった。

屈足駅の位置は事前調査で地図に記しておいたので、行ってみると、そこは貯木場になっていた。拓鉄は木材輸送をしていたので駅跡を貯木場にしたようである。ちょうど歩いてきたお年寄りに確かめるとやはり、屈足駅だという答えであった。

屈足駅から鹿追方向への線路跡はわからなくなっている。十勝川を渡っていた橋台くらいはあるのではないかと探したが、これもわからずじまいだった。

この先、拓鉄線は十勝川の段丘を道道の左側で並行し丘を上っていた。その築堤は道路から確認できた。このあたりは丘なので機械化農業ができず、そのため放置されているのである。

北十勝線は屈足駅からまっすぐ、長いトンネルで鹿追へ向かう予定だった。トンネルの取り付け部分は着工されたようだったが、現在は砂利採取場となっているので、工事跡はまったくなくなっていた。

バス営業所となった鹿追駅跡

国道274号が鹿追町に入る手前に、意味もなく立体交差している個所があった。これはたぶん拓鉄線と交差していた跨線橋だろうと思い、クルマを停めてみると、やはり陸橋に「拓鉄線」の銘板があった。しかし、下を交差していた拓鉄線の跡は、橋の下の部分以外はわからない。

鹿追の市街地に入ると、ここも線路跡はまったくわからない。役場か駐在所で聞いたほうが得策だと思い探し回ったが、駐在所は見当たらない。ようやく町役場を探しあて、来意を告げると、何人かの職員がいろいろ教えてくれた。

役場の裏側の道が拓鉄線の線路だったこと、鹿追の駅は現在北海道拓殖バスの営業所になっていること、瓜幕駅の便所はそのままバス停の便所として使われていることなどである。さらに北十勝線の建設決定時のお祭り騒ぎについても教えてもらった。

丁重にお礼を述べてから、まずは役場の裏の線路跡を見に行った。しかし、これはただの道路と化している。その道に沿って鹿追駅跡へ向かったが、再び痕跡はなくなってしまった。だが、直感的に線路は左側を走っていたのではないかと考えて左折すると想像どおり農協の横にバスの営業所があった。

営業所の女性に「ここが拓鉄の鹿追駅の跡ですか」と尋ねると、「そのはずですが……」とは答えてくれたが、自信がないようで、バス待ちをしていた顔見知りのお年寄りを呼んで確認してくれた。お年寄りは、この大きな木が駅前広場の中央にあり、向こうの農協が、駅のあったところだと教えてくれた。

バスの車庫の向こうに蒸気機関車が保存されているということも教えてくれたので、行ってみると、8620形蒸機（愛称ハチロク）が小さな無蓋貨車とともに置いてある。勉強不足だったために、拓鉄にこんな大きな蒸機が走っていたとは思わず、国鉄からのダミーを置いたのかなと考えたが、説明板を見ると自社発注とのこと。北海道によくある軽便鉄道[注9]ではなく、拓鉄線は本格的な鉄道だったのである。

注9：地方ローカル線の建設を容易にするために規格を大幅に緩めた、いわばトロッコ路線的な簡易軌道。国は幹線鉄道の整備拡充に力を入れていたが、各地方からの選出の国会議員の地方路線の建設せよという圧力が高まり、簡易に建設できる緩い鉄道路線規格と車両、認可条件を持たせた軽便鉄道法が明治43（1910）年4月に公布された。これによって主に軌間762㎜の私設鉄道が全国各地に開業した。しかし、あまりにも安全性を無視した私設鉄道が多く開業し、大正8（1919）年4月に私設鉄道法と軽便鉄道法を廃止して新たに地方鉄道法が公布された。それでも昭和40年代ころまで全国各地に軽便鉄道は生き延び、現在でも三重県の四日市あすなろう鉄道や三岐鉄道北勢線、黒部峡谷鉄道の3路線で軌間762㎜の軽便鉄道は存続している。

新得駅を発車した根室本線の下り列車　右が拓鉄線跡

根室本線の横に続く拓鉄の路盤は北十勝線が流用する予定だった

国道38号と拓鉄の交差部　道路の下以外はきれいになくなっている

新得町内　かろうじて線路跡とわかる

拓鉄の屈足駅跡

北十勝線は十勝川を渡った先でトンネルに入る予定で、道路の左側がトンネル坑口となるはずだった

十勝川から鹿追へ行く国道の北側には拓鉄の築堤が残る

屈足—鹿追間で拓鉄を越えていた跨線橋の銘板

拓鉄の鹿追駅跡　大きな木はかつての駅前広場中央に立っていたもの。役場は現在移転し、鹿追町総合スポーツセンターが近くにある

鹿追駅跡地に保存されている拓鉄のハチロク

拓鉄瓜幕駅の碑と便所

次の目的地は瓜幕である。国道の制限速度は60㎞というのは確認していたので、曲がって国道へ出ると一気に加速した。その途端、前方に速度探知用のレーダーを認め、加速を中止したが、警官が出てきて路地へ入るように指示された。まだ60㎞そこそこしか出ていなかったから、どう違反したかはわからない。

「加速していましたね。ここはすぐそこに幼稚園があるから40㎞制限ですよ」

「しかし、この国道は60㎞ではないのですか」

反論したが、曲がってすぐのところに40㎞制限開始の標識があると言う。そんなもの確認できるはずはないが、違反は違反なので認めた。

交通違反は7年ぶり、前の違反も取材で建設中の山形新幹線を見に行ったときである。取材に気を取られ、しかも走りなれていない土地に行ったときばかり違反をしてしまう。

違反を全面的に認めたが、ちょうどいい機会だったので、瓜幕の駅の便所、足寄と白糠線の建設跡などについて聞いて

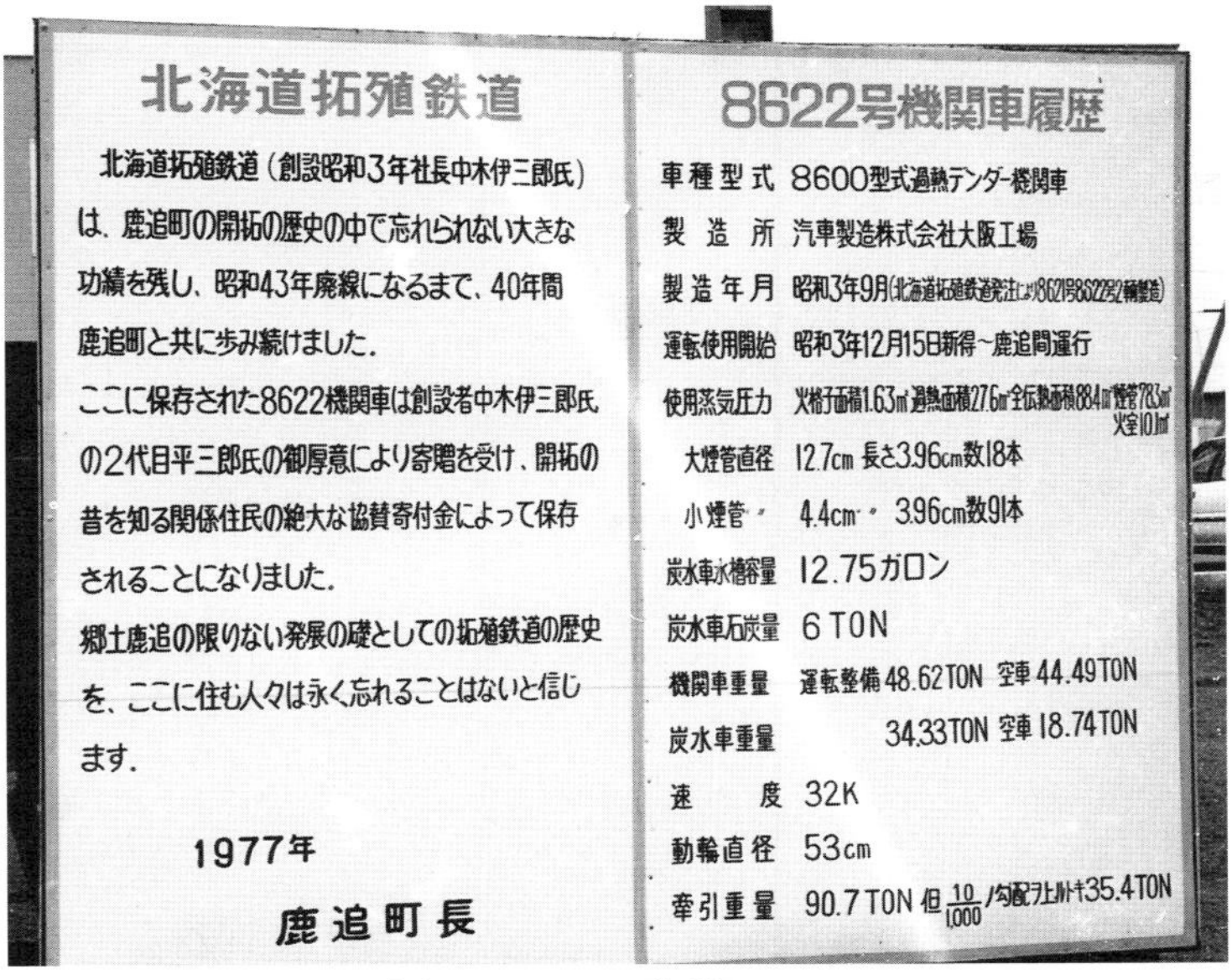

鹿追駅跡地に置かれている拓鉄とハチロクの説明板

みた。瓜幕駅のトイレは教えてくれたが、他は管轄外だからわからないと、それでも親切に答えてくれた。反則金1万5000円なりの高い道案内料であった。

教えてもらったとおりに、国道を北上し、自衛隊鹿追駐屯地を過ぎて右折。この先に瓜幕の駅にあったバス停のトイレがあるはずだがわからない。とにかく走り回ると集落に出た。瓜幕の集落である。駐在所があったので拓鉄線の駅跡はどこかと聞くと、知らないという返事である。瓜幕のバス停はどこかと聞き直すと、すぐ横だと教えてくれた。もう拓鉄線そのものが死語になったというわけだろう。

バス停に行くとたしかにトイレがあり、拓鉄瓜幕駅跡の碑も立っている。しかし、線路がどう通っていたかは確認できなかったので、近くにいた人に聞いたが、10年前に越してきたからわからないと言う。雑貨店に入り、おかみさんに拓鉄線はどう通っていたかと聞くと、「生まれる前のことだからわからない」とのことだった。しかし、拓鉄線の廃止は昭和43年で28年前のこと、どう見てもおかみさんは30代後半（失礼）だからこれはおかしい。そんなことは本人には言えないが、線路が走っていた方向は教えてくれた。また、ここのほかに東瓜幕に駅のなんらかの建物が残っているという。

「駐在所とバス停の間の道を進んで、3個目の一時停止を左折すれば集落があり、そこに建物が「残っている」ということなので、言われたとおりに進んだが、1個目の一時停止がなかなかない。ずいぶん走って1個目、さらにずいぶん行って2個目があったが、これでは行き過ぎではないかと心配して2個目で曲がってしまったがそんなものはなく、また舞い戻ってようやく3個目の一時停止を曲がると集落があった。近くて遠いは田舎の道とはいうが、こんなに距離があるとは思いもしなかった。

しかし、それらしき建物はない。ちょうど作業をしているお年寄りがいたので尋ねると、「建物はずいぶん前に壊した」とのこと。それでも拓鉄の碑は立っていると教えられ、そこに行くと碑はあるが、線路跡はやはり農地と化してしまっていた。

瓜幕駅跡　左の建物がトイレ、その右がホーム跡。後ろの建物はバス待合室

バス待合室と瓜幕駅跡の碑

足寄付近に残る白糠線の建設跡

東瓜幕駅跡から国道に出た。ずっとまっすぐな道である。そのまっすぐの道を60㎞で走るのはつらいものがある。それでももう違反はいやだから、我慢して走った。途中、追い越されたが、これが大阪ナンバー、100㎞くらいは出ているだろう。「捕まるぞ」あるいは「捕まれ」と思ったが、そのまま視界から消えてしまった。

こんなに長い直線道はやはり北海道だなと感心する。これだけまっすぐにできるのは、用地買収が困難ではなかったためであろう。そうならば北十勝線も比較的楽に建設できるし、新幹線並みの線形も可能だろうと思う。

そうこう考えていると道はようやく左に曲がり、さらに右に曲がって音更川を渡り、士幌の街に入った。ここには国鉄士幌線が走っていたが、廃線となってからさほど経っていないのにわからなかった。そのうちに上士幌の集落に入ったので駅跡に立ち寄ったが、それらしきところはやはり貯木場になっている。近くの人に聞くとやはり駅の跡だそうだが、見る影もない。

北海道では廃線になるとすぐにレールをはがしてしまうそうで、しかもすぐに農地と化してしまう。だから線路跡が見つけにくいのだが、上士幌の前後の路盤はそのまま残っていた。

このあとは足寄街道（国道241号）で足寄へ向かう。だんだんと山が近づき、そして足寄湖を過ぎると大きく右に左にカーブして山を降り足寄の街に入る。

ふるさと銀河線の足寄駅は、立派で大きな駅舎に建て替えられていた。だが、ふるさと銀河線はまだタブレット閉塞（その後CTC化するとともに特殊自動閉塞化）であり軌道も良くない。駅舎を立派にするのもいいが、まずは線路改良して高速化が先だと思う。そうしないとクルマに負けてしまうだろう。

ここから白糠線が出る予定だったが、その準備の跡はまったくなかった。工事は足寄の街並みを出た利別(としべつ)川の支流足寄川と241号に沿ってつくられただけだったからである。

足寄街道に出て街をはずれると右側に築堤が見えた。白糠線の建設跡である。国土地理院発行の2万5000分の1の地図（愛冠(あいかっぷ)）には、途切れ途切れだがずっと築堤が記されている。築堤の一番端まで行ったが、築堤に近づける道はない。ドライブインがあったのでそこの人に聞くと、頭部が赤い杭があり国鉄清算事業団の所有を示している、それが建設跡だ、ということである。

このためドライブインから分かれている小道を歩いたが、結局わからなかった。しかし、その手前の足寄側には工事用道路があり、そこを入ると築堤ではなく地平の路盤跡を認めることができた。

最初に見た築堤へは道路が通じていたので、戻ってそこから築堤の上に上がることができた。築堤は足寄の街のほうへも延びていたので、それに沿ってクルマを進めると、利別川を渡る橋脚もつくられていた。

さらに川の先にも低い橋台が残っており、その先は国鉄清算事業団の例の赤い印が付いた杭が点々と立てられている。足寄ではまだそのまま残っているのである。

東瓜幕駅跡に立つ碑

国鉄士幌線の上士幌駅跡付近

ふるさと銀河線の足寄の立派な駅ビル。廃止された現在も駅ビルは残り、十勝バスの営業所のほか、駅があったときの特設コーナーやレールなどが道の駅あしょろ銀河ホール21に置かれている

足寄駅から池田方面を見る。北十勝線と白糠線の乗り入れに備えてその用地が確保されていた

足寄から利別川までの白糠線用地には国鉄清算事業団のポールが立つ

清算事業団のポールと利別川の橋台

利別川の橋脚と白糠方へ続く築堤

利別川の橋脚　さながらモアイ像のようである

足寄街道と並行する白糠線の築堤（交差しているのは道道）

築堤の端に置かれている橋台（左）とその手前の橋脚（右）

北進から白糠へ廃線跡をたどる

足寄街道を通っては白糠線の北進駅跡へは行けない。そこで、ふるさと銀河線に沿って南下、本別駅付近で左折して、国道392号で一路北進駅跡へ向かった。

足寄の先からは山岳地帯である。ここに線路を敷くということは大変だろう。だから結局できなかったのだが、石勝線は山岳地帯を抜けてバイパス線として機能している。工事凍結までもう少し時間があれば、あるいは予算をもっと回していれば、北十勝線や白糠線もバイパス線として大いに役立ったといえよう。しかし予算が少ない運輸省鉄道局（現国土交通省鉄道局）である。

そこへ全国いたるところに要求された新線建設がたくさんあったなか、北十勝線と白糠線だけが優先されるわけはなく、結局それは許されなかったのである。

国道392号もしばらくして山岳地に入った。ずっと山道となるが、建設省道路局（現国土交通省道路局）の潤沢な予算で結構整備されている。しかし対向車はほとんどなく、過疎地であるのがわかる。

峠を越えてしばらくすると民家が点在するようになった。左手に小学校があり、クルマを停めて見ると北進小学校とある。だから、近くに北進の駅があったはずだが、やはりわからない。そこで国道沿いにある雑貨屋に入り、遅い昼食用のパンを買って、店番をしていた小学生の女の子に「昔の北進の駅はどこ?」と聞いたが、当然、そんなことはわからないと言う。だが、奥からおばあちゃんを呼んできてくれて、駅跡の場所を教えてもらえた。

お礼を言って行こうとすると、

「昨日もそんなことを聞いてきた人がいたよ。なにかあるの?」と言う。

廃線跡探索ブーム（当時）だから、白糠線跡にもやはり来る人がいるのだろうと思いながら、教えられたとおり駅跡に到着した。しかし、ホームも何もない。ただ平らな荒れ地があることで跡だとわかるだけである。

北進駅からさらに北へ工事をしていたはずで、そのとおり線路1本分の空地がまっすぐ北に延びているが、クルマが走れるどころか獣道さえない。だが、南への廃線跡はクルマが走れる道として残っている。その線路跡をしばらく白糠方面へ走らせると、ＰＣ橋（コンクリート橋）にたどり着いた。その先も行けるだろうが、「トレン太くん」に傷でも付ければ、先ほどの反則金に加えて休業補償金という無駄な出費がまた必要になるので、狭いＰＣ橋で何度も切り返してＵターン、道道に出て、北への建設跡の探索をしたが、結局これもわからずじまいだった。

南へ向かうと、白糠駅までの廃線跡は各所に残っていた。とくにＰＣ橋は撤去するには費用がかかるのでそのまま残っている。新得駅から白糠駅までの高速バイパス線を建設するとなれば、これらは再利用できるだろう。開通区間の白糠線の最小曲線半径は４００ｍ、右に左にカーブしながら、それがずっと続いている。これでは高速運転は無理だろうと思われているが、曲線で車体を傾斜させる振り子式車両なら時速１００㎞の速度で走ることができる。だからバイパス線として機能させることは可能である。

白糠駅に到着。白糠線への分岐線路は駅の近くではそのまま残っていた。そして国道38号に出て新得駅まで戻る。すべて忍の一字で法定速度で走り、帯広から高速道路に入ったが、制限速度は対面通行だから70㎞、国道より10㎞速いだけで、時間がかかりすぎる。そんなことだから高速道路も役立たずあまり利用されていないようである。事実、すれ違ったクルマは1台だけ、後から追いついてきたのも1台だけである。

法定速度を守ったので、新得駅では予定の特急「スーパーとかち10号」に乗れず、次の「おおぞら12号」で札幌に出た。札幌では北海道新幹線についての取材だが、これは次の項で述べる。

白糠線廃止区間の線路跡

白糠線の廃止区間　北進駅の南側に残るＰＣ橋

白糠駅の分岐部　右が白糠線の線路だった

狭軌新幹線として復活を

北十勝線新得―足寄間は72km、白糠線足寄―白糠間は76kmだから、新得―白糠間は148kmである。一方、根室本線の新得―白糠間は145kmだから、北十勝線・白糠線経由のほうが長い。これでは短絡線ではない。283系振り子式気動車の「スーパーおおぞら」は根室本線新得―白糠間を1時間40分程度で結ぶ予定で（現在の261系を使う「おおぞら」は1時間44分）、表定速度（停車時間を含む平均速度）は時速90km程度である。

一方、北十勝線・白糠線を高規格路線でつくったとすると、最高速度160km、半径400mのカーブを100kmで走れることから、ノンストップだと表定速度は140kmはいけるだろう。所要時間は1時間余りとなり、短縮時間は40分である。札幌―釧路間は平成9年春から283系により3時間40分で走るが、北十勝線・白糠線経由ならこれが3時間余りとなる。だが、原計画では士幌、上士幌と通って足寄でスイッチバックをしている。これでは遠まわりであり、足寄駅でのスイッチバックはスピードアップの障害となる。

復活するのならば、狭軌新幹線という考え方にして、スイッチバックをやめ、もっと距離を短くすべきである。新得寄りの屈足からまっすぐふるさと銀河線足寄駅の1kmほど南まで延ばし、ここに新足寄駅を設けると距離は10kmほど短縮される。白糠線もここから出るとすると1km程度短くなる。こうしても足寄付近の白糠線の工事区間は流用できる。合計で137kmに短くなる。しかも直線だから、最高速度210km運転できるようにすれば、表定速度は160km程度はいけるだろう。新得―白糠間は50分程度で結ばれよう。石勝線でも200km運転は可能だし、札幌付近でもそうである。札幌―釧路間を2時間半で結ぶことは充分可能である。

空路は札幌から新千歳空港まで快速電車で最速36分、ここから釧路まで40分、釧路（現たんちょう釧路）空港から25分余りで、合計で1時間40分余りだが、チェックインタイムや乗り換えを考えると3時間だろう。札幌市内に近い丘珠（おかだま）空港から

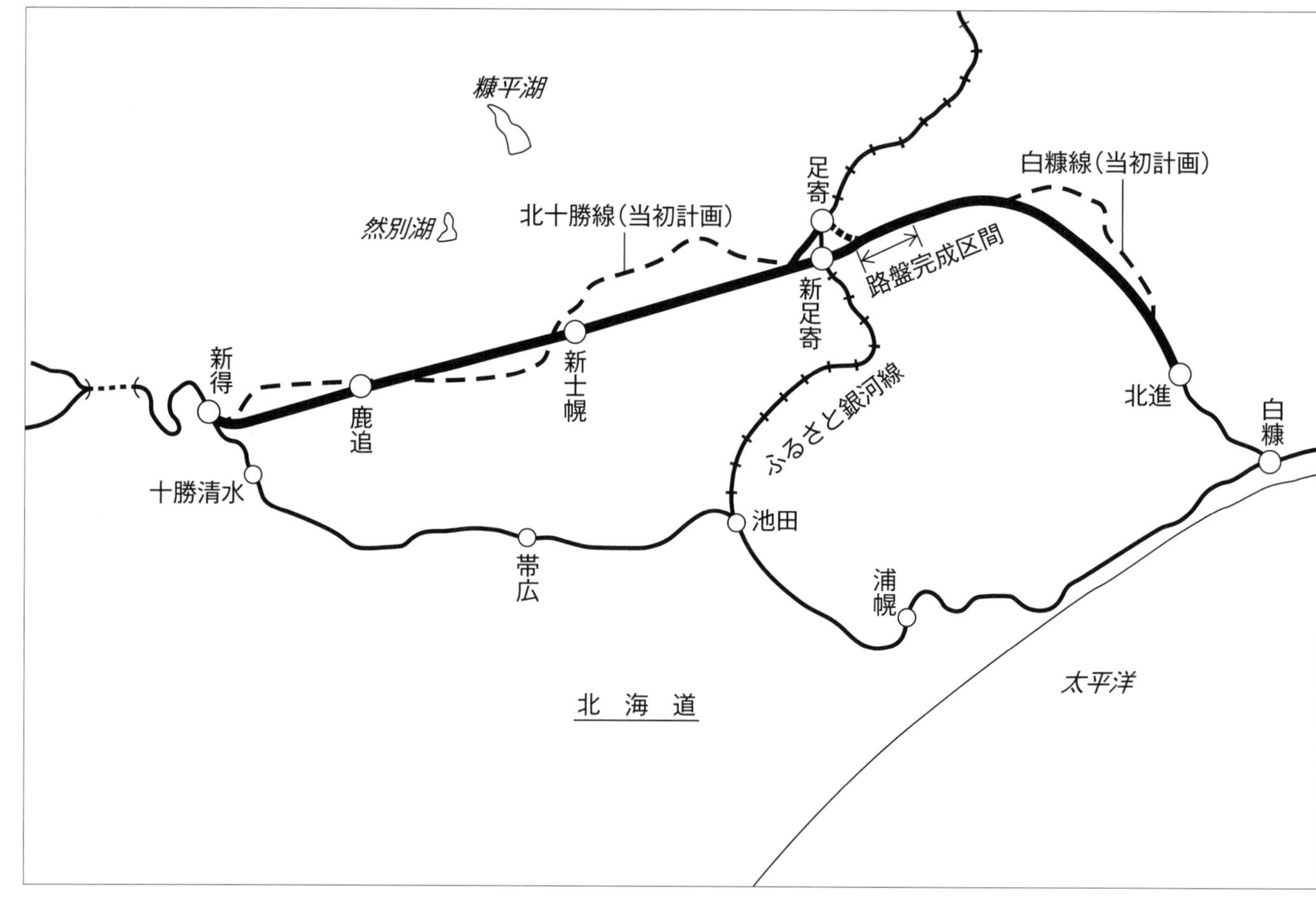
糠平湖
然別湖
北十勝線（当初計画）
足寄
白糠線（当初計画）
新足寄
路盤完成区間
新得
鹿追
新士幌
ふるさと銀河線
北進
白糠
十勝清水
池田
帯広
浦幌
太平洋
北海道

も出ているが、ＹＳ11（現在は60人乗りのジェット機化）というレシプロ機だから、時間はほぼ同じである。

鉄道が2時間30分で結べると、札幌―釧路間の空路はなくなるだろう。ちょうど東京―仙台間に東北新幹線が開通して空路がなくなったのと同様である。とくに北海道では雪によって空港が閉鎖されることが多いが、雪対策をしっかりしている新路線ならそんなことはないのである。

北十勝線と白糠線を狭軌新幹線として復活すれば、充分価値がある。北海道ではリニアモーターカーによる路線網を考えているが、これよりは費用をかけずに所要時間を短縮できるし、リニアモーターカーの実用化はまだ先である。狭軌在来線も改良さえすれば捨てたものではない。

そして最終的には電化し標準軌に改軌して北海道新幹線とつないで、直通運転をすればいい。財源的にはかなり難しいが、それでもフル規格の新幹線やリニアにくらべれば安価である。しかも、一部は建設されているし、ほぼ農地を貫くので都市部のように用地買収で難航したり買収費が巨額にのぼったりするということはないから、やる気さえあれば可能だろう。

ただし北十勝線・白糠線を通ると、利用が一番多い帯広駅は通過となる。これが大きな難点だが、新得駅で釧路行（一部根室行）と帯広経由池田行を分割すればいい。さらに北十勝線から足寄への分岐線をつくり、ふるさと銀河線を高速化して乗り入れると、北見、網走への高速ルートができあがる。これによってふるさと銀河線も活性化される。

札幌―釧路間は2時間27分、札幌―網走間は3時間50分で結ぶことは可能である。

これらを加味した道東の特急想定時刻表をつくってみた。最高速度１６０㎞で走り、新得駅で池田行、新士幌駅で網走行を分割する根室行特急を設定した。

その後の経過と現状

北十勝線の終点である池北線の足寄駅には南側から北十勝線が入っていく。池北線は根室本線の池田駅から石北本線の北

札幌―道東間特急時刻表

		おおぞら1号	とかち1号	オホーツク1号	とかち3号	おおぞら3号	とかち5号	オホーツク3号	おおぞら5号	とかち7号	とかち9号	おおぞら7号	とかち11号	とかち13号	おおぞら9号	とかち15号	オホーツク5号	とかち17号	おおぞら11号	とかち19号	おおぞら13号	とかち21号	オホーツク7号	とかち17号	おおぞら15号	とかち23号	オホーツク9号	おおぞら17号	とかち25号	おおぞら19号
札幌	発	720	‥	‥	820	920	‥	‥	1020	‥	1120	1220	‥	1320	1420	‥	‥	1520	1620	‥	1720	‥	‥	1820	1920	‥	‥	2020	‥	2300
新札幌	着	レ	‥	‥	レ	レ	‥	‥	レ	‥	レ	レ	‥	レ	レ	‥	‥	レ	レ	‥	レ	‥	‥	レ	レ	‥	‥	レ	‥	2312
南千歳	〃	740	‥	‥	840	レ	‥	‥	1040	‥	1140	1240	‥	1340	1440	‥	‥	1540	1640	‥	1740	‥	‥	1840	レ	‥	‥	2040	‥	2341
追分	〃	752	‥	‥	852	レ	‥	‥	1052	‥	1152	1252	‥	1352	1452	‥	‥	1552	1652	‥	1752	‥	‥	1852	レ	‥	‥	2052	‥	1352
新夕張	〃	810	‥	‥	910	レ	‥	‥	1110	‥	1210	1310	‥	1410	1510	‥	‥	1610	1710	‥	1810	‥	‥	1910	レ	‥	‥	2110	‥	レ
占冠	〃	830	‥	‥	930	レ	‥	‥	1130	‥	1230	1330	‥	1430	1530	‥	‥	1630	1730	‥	1830	‥	‥	1930	レ	‥	‥	2130	‥	レ
トマム	〃	845	‥	‥	945	レ	‥	‥	1145	‥	1245	1345	‥	1445	1545	‥	‥	1645	1745	‥	1845	‥	‥	1945	レ	‥	‥	2145	‥	レ
新得	着	905		‥	1005	1050		‥	1205		1305	1405		1505	1605		‥	1705	1805		1905		‥	2005	2050		‥	2205		226
	発	905	907	‥	1005	1050	1052	‥	1205	1207	1305	1405	1407	1505	1605	1607	‥	1705	1805	1807	1905	1907	‥	2005	2050	2052	‥	2205	2207	231
十勝清水	着	‖	レ	‥	1011	‖	レ	‥	‖	レ	1311	‖	レ	1511	‖	レ	‥	1711	‖	レ	‖	レ	‥	2011	‖	レ	‥	‖	レ	レ
芽室	〃	‖	レ	‥	1015	‖	レ	‥	‖	レ	1317	‖	レ	1517	‖	レ	‥	1717	‖	レ	‖	レ	‥	2017	‖	レ	‥	‖	レ	レ
帯広	〃	‖	930	‥	1035	‖	1115	‥	‖	1230	1335	‖	1430	1532	‖	1630	‥	1732	‖	1830	‖	1930	‥	2032	‖	2115	‥	‖	2230	315
池田	〃	‖	945	‥	1050	‖	1133	‥	‖	1241	1350	‖	1442	1550	‖	1645	‥	1750	‖	1841	‖	1945	‥	2050	‖	2133	‥	‖	2245	352
鹿追	着	912	‥	‥	‥	レ	‥	‥	1212	‥	‥	1412	‥	‥	1612	‥	‥	‥	1812	‥	1912	‥	‥	‥	レ	‥	‥	2212	‥	‖
新士幌	着	922			‥	1102			1222	‥	‥	1422	‥	‥	1622			‥	1822	‥	1922			‥	2102			2222	‥	‖
	発	922	‥	924	‥	1102	‥	1104	1222	‥	‥	1422	‥	‥	1622	‥	1622	‥	1822	‥	1922		1924	‥	2102	‥	2104	2222	‥	‖
新足寄	着	930	‥	‖	‥	1110	‥	‖	1230	‥	‥	1430	‥	‥	1630	‥	‖	‥	1830	‥	1930		‖	‥	2110	‥	‖	2230	‥	‖
白幡	〃	955	‥	‖	‥	レ	‥	‖	1255	‥	‥	1455	‥	‥	1655	‥	‖	‥	1855	‥	1955		‖	‥	レ	‥	‖	2255	‥	530
釧路	〃	1010	‥	‖	‥	1147	‥	‖	1310	‥	‥	1510	‥	‥	1710	‥	‖	‥	1910	‥	2010		‖	‥	2147	‥	‖	2310	‥	600
厚岸	〃	1037	‥	‖	‥	1214	‥	‖	‥	‥	‥	‥	‥	‥	1737	‥	‖	‥	‥	‥	2037		‖	‥	2214	‥	‖	‥	‥	641
厚床	〃	1104	‥	‖	‥	1243	‥	‖	‥	‥	‥	‥	‥	‥	1804	‥	‖	‥	‥	‥	2104		‖	‥	2241	‥	‖	‥	‥	731
根室	〃	1130	‥	‖	‥	1307	‥	‖	‥	‥	‥	‥	‥	‥	1830	‥	‖	‥	‥	‥	2130		‖	‥	2307	‥	‖	‥	‥	811
足寄	〃	‥	‥	934	‥	‥	‥	1114	‥	‥	‥	‥	‥	‥	‥	‥	1634	‥	‥	‥	‥		1934	‥	‥	‥	2114	‥	‥	‥
北見	〃	‥	‥	1045	‥	‥	‥	1225	‥	‥	‥	‥	‥	‥	‥	‥	1745	‥	‥	‥	‥		2045	‥	‥	‥	2225	‥	‥	‥
網走	〃	‥	‥	1120	‥	‥	‥	1250	‥	‥	‥	‥	‥	‥	‥	‥	1820	‥	‥	‥	‥		1120	‥	‥	‥	2250	‥	‥	‥

見駅を結ぶ路線である。根室本線が明治40年9月に旭川—根室間が全通したころ、池田駅から網走駅までの網走線の建設が始まった。そして明治44年池田—野付牛（のつけうし）（現北見）間、大正11年に野付牛—網走間が開通した。

一方、道央を通って短絡するルートが開通する。それは旭川から名寄、遠軽を通るルートの建設も始まり、さらに石北峠を通って短絡するルート、つまり現在の石北本線ができた。そうすると池北線はローカル路線化してしまった。

しかし、池北線は急カーブが少なく勾配も緩い個所が多くて線形がいい。石勝線と接続する北十勝線ができると、札幌—釧路間は大幅に所要時間が短縮することになる。

とはいえ、北海道第2の都市の旭川を通らないし、北十勝線の建設は遅々と進まないこともあって、池北線は特定地方交通線に指定されて、第3セクター鉄道の北海道ちほく高原鉄道のふるさと銀河線として転換されてしまった。

しかし、当時、国鉄改革によって仕事がほとんどなくなってしまった鉄道建設公団は、ふるさと銀河線を高速化して石勝線と連携すれば札幌—網走間は大幅に所要時間が短縮するとして、最高速度１３０㎞を出す振り子気動車特急のシミュレーションを行った。仕事をつくるために、自らシミュレーションを行ったのである。

その結果、池田—北見間は陸別停車で1時間30分と試算された。札幌—池田間は「スーパーおおぞら」で2時間32分、北見—網走間は振り子気動車であれば40分程度で結ばれる。札幌—網走間は4時間40分余りになる。

一方、石北線経由の現在でも特急「オホーツク」は5時間20分余りだから所要時間は40分の短縮になる。しかし、4時間40分に短縮したとしても、乗っている時間はまだまだ長い。事実、特急「オホーツク」で札幌—網走間を乗り通す人は鉄道好きの観光客は別にしてほとんどいない。だからそれほど利用されないし、よしんば、ふるさと銀河線経由の特急を走らせるとすればこの特急は遠軽駅を通らない。旭川から遠軽、網走へ行きにくくなる。高速化費用もばかにならない。ということであまり話題にもならなかった。

それよりも、赤字に苦しむふるさと銀河線を廃止するという論調が道庁あたりから出てきた。国土交通省も廃止が適当という方向に傾いていた。

そんなおり、筆者はふるさと銀河線に高速特急を走らせれば活性化される。高速化費用は首都圏各線の改良で不要になった資材を流用すれば安価にできるだろう。鉄道建設公団のふるさと銀河線のシミュレーションを知っていた、筆者はこのことを知り合いの北海道在住の交通専門家に話をした。そのことが北海道のマスコミが聞きつけて記事にされて騒ぎになった。

道庁としては、猛反発したが、ふるさと銀河線沿線では某市一市だけを除いて歓迎し、まずは試しとして特急を走らせようと「ふるさと銀河線に特急を走らせる会」を結成、実際にキハ１８５系による特急の運転が行われた。

かんかんがくがくの議論がなされたものの、道庁は突然、廃止を決定して平成18（２００６）年に廃止されてしまった。それでも廃止予定を2年間ほど遅らせた。廃止の日最終列車の運転が終わった後、陸別町は7両の気動車を集め、駅設備も残して、ふるさと銀河線りくべつ鉄道という鉄道営業法に抵触しない公園の遊戯物として復活、線路も６㎞ほど整備して体験乗車や体験運転ができるようにしている。また置戸駅や訓子府駅、足寄の駅舎や線路も残っている。

ところで北十勝線が全通していれば、札幌―釧路間は前述のように3時間50分で結ばれ4時間を切る。これならば結構利用されるようになる。ふるさと銀河線も廃止されなかった。北十勝線が全通しなかったことは返す返す残念に思われる。

だが、今のＪＲ北海道は数々の不祥事や事故等や沿線人口の減少によって、赤字解消のための路線廃止には熱心だが、新規事業としての鉄道整備には不熱心である。なかには鉄道を整備拡充しようとする職員もいるが、ＪＲ北海道の株は１００％国が保有しており、職員はみなし公務員であり、国（国土交通省）の方針に従うしかない。ＪＲ北海道になったころはいけいけどんどんをしようとする職員が多かったが、現在は消極的な幹部ばかりである。

北十勝線が開通して高速化したとしても、鉄道の衰退を引き止めようとしない雰囲気が蔓延しているので、石勝線の最高速度を時速１３０㎞運転から１２０㎞運転に減速したように、結局のところ、高速列車の運転は縮小方向に向かっているのが現状だろう。

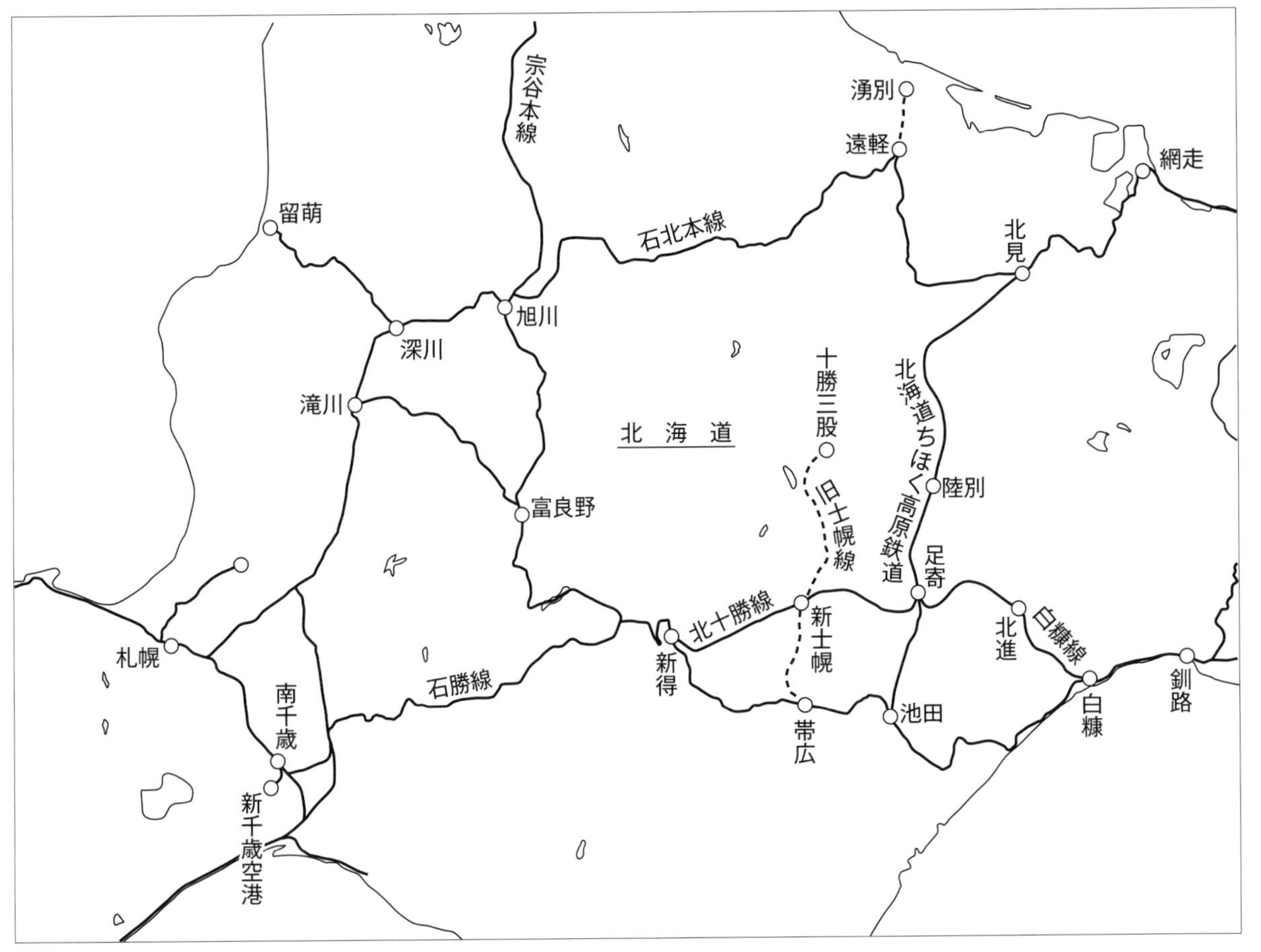
宗谷本線
湧別
遠軽
網走
留萌
石北本線
北見
旭川
深川
滝川
十勝三股
北海道ちほく高原鉄道
北海道
陸別
富良野
旧士幌線
足寄
北十勝線
新士幌
北進
白糠線
札幌
新得
石勝線
釧路
白糠
池田
南千歳
帯広
新千歳空港

白糠線の未開通区間の完成した橋脚などは撤去された

ふるさと銀河線の廃止問題で揺れていたころ、なんどか足寄や陸別を訪問していた。しかし、すべてがふるさと銀河線の利用をしていたので、白糠線の橋脚がどうなったか見に行くことはなかった。

ふるさと銀河線が廃止され、りくべつ鉄道が開業したときも訪問したが、クルマでの送迎のためにやはり行くことはなかった。

その後、平成19（２００７）年7月にＣＳ放送の「鉄道マニアクラブ」のロケでりくべつ鉄道と足寄駅を訪問した帰りに国道２４１号に沿ってドライバーさんの運転で釧路空港に向かった。このとき足寄川畔に建っていた橋脚を探してもらったが、その跡形さえなかった。しかし、開通区間の北進―白糠間の高架橋は残っていて、その高架橋上でコメントをした。

さらに平成27（２０１５）年10月に「日本の鉄道全線全駅全配線」（講談社）の取材でも訪れたが、白糠線の高架線は残っていても、足寄付近の高架橋脚はやはりまったくといっていいほどなかった。北海道十勝地区の廃線跡はあっという間に何もなくなってしまうという事実を思い知らされた。

新得に同級生が在住していることもあって新得駅にも何度も訪問した。その友人から新得駅の1番ホームの釧路寄りに切り欠きホームの0番線があって、北海道拓殖鉄道の列車が発着していたようだとの情報を教えてもらった。

後日、石勝線開業前の新得駅の配線図を入手した。そこには切り欠きホームが描かれているが、昭和50（１９８０）年時のものなので切り欠きホームの線路名は貨5番線と記され、その反対側には貨4番線となっている。これが拓鉄線の発着線だったと思われる。また、下り引上線も描かれている。これも拓鉄線の本線を流用したものと思われる。

鉄道マニアクラブのロケで訪れた足寄駅跡。ホームも線路も残っている

廃止された足寄駅の池田寄りを見る。今は道の駅として整備されている

白糠線の高架橋はほとんど残っている。テレビクルーが撮影中

2015年に撮影した白糠駅の白糠線分岐線跡。周囲の建物も含めてほとんど変わってない

同・利別川橋梁もそのまま残っている

新得駅の跨線橋から釧路方を見る。現在でも拓鉄線の跡は残っている

右側の片面ホームの釧路寄り（右手前）に切り欠きホーム、その右側に貨物ホームがあったが、すべて撤去されている

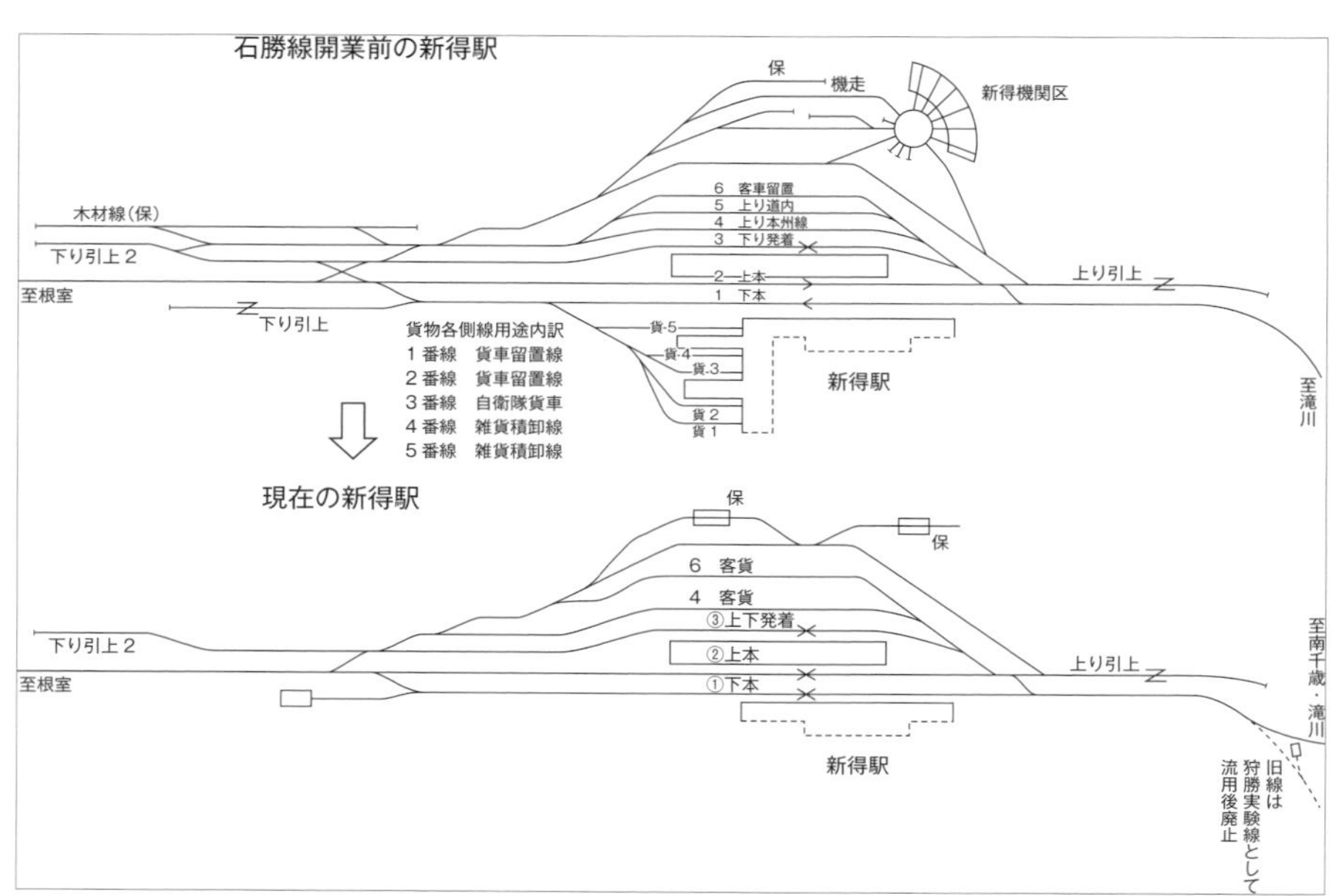

昭和50年時と現在の新得駅の配線図（『配線で読み解く鉄道の魅力・２単線鉄道編』2023年３月 天夢人刊より）

道の駅オーロラタウン93りくべつとして陸別駅は残されて、りくべつ鉄道として保存列車を走らせたり、一般の人が運転できるようにしている

陸別駅の北見寄りにある分線駅の先の6㎞あまりまで線路は残っている。りくべつ鉄道として発足して10年目の2018年には3両編成の列車がそこまで走った。写真は手前のりくべつ鉄道の駅として設置した百恋駅に停車中のもの。この先も線路は残っているが、踏切があるために道警の許可が必要なので、ときおり走らせるだけになっている

北の大地の新幹線——北海道・東北新幹線

平成8（1996）年の新幹線建設の状況

この項で取り上げる新幹線の盛岡—札幌間は平成8（1996）年当時は、開通することができずに「幻の鉄道」になってしまうといわれていた。

というのは、国鉄が分割民営化されてJRになって数年くらいしか経っていなかった平成初期の各メディアや識者の間では整備新幹線の建設不要論が蔓延していた。

整備新幹線とは東北新幹線盛岡—新青森間、北海道新幹線新青森—札幌間、北陸新幹線高崎—大阪（付近）間、九州新幹線鹿児島ルートの博多—西鹿児島（現鹿児島中央）間、同長崎ルートの新久留米信号場（現新鳥栖）—長崎間の5区間で、俗に整備5新幹線と呼ばれていた。

しかも運営を担当する各JRは並行在来線が赤字になるうえに建設費の負担もしなければならず、やはり建設、運営に対して及び腰だった。加えて、この整備5新幹線の建設を推進する運輸省鉄道局も建設補助金を支出するほどの予算を持ち合わせていなかった。当時の鉄道局長が新幹線推進のあるシンポジウムで「鉄道関連の建設予算は道路予算の百分の1。つまり1%でしかない」とぼやいていたほどである。

ということで整備5新幹線は「幻の新幹線」といわれていた。

しかし、整備5新幹線の地元自治体や地元選出の政治家などからの建設促進の要望がすさまじかった。そこで建設予算があまりない運輸省鉄道局は建設費の圧縮として、フル規格新幹線以外に暫定整備計画としてミニ新幹線とスーパー特急路線の新しい新幹線建設方式を編み出した。

ミニ新幹線とは、山形・秋田新幹線と同様に、在来線の軌間を狭軌から標準軌に改軌あるいは狭軌併用の３線軌にして新幹線電車を走らせるものである。軌間を標準軌にしたとしても、在来線電車よりも一回りも二回りも大きい通常の新幹線電車を走らせるためにはトンネルや橋梁、ホームも改築しなくてはならない。そこで車体は在来線電車と同じ大きさにした新幹線電車を造って走らせることにした。

このことからミニ新幹線というが、運輸省は全国新幹線鉄道整備法を改正して、「新幹線鉄道規格新線等の建設」等を加えて、ミニ新幹線については「新幹線鉄道直通線」という名称で同法の附則第６項の２に加えた。

さらに既存新幹線から離れたところに建設する新幹線について、津軽海峡線をたとえに引き出して将来は標準軌のフル規格新幹線が走ることができるが、近くに既存の新幹線がない場合は狭軌の線路を敷設して時速１６０㎞または２００㎞で走行するスーパー特急を走らせる新線を附則第６項の１で「新幹線鉄道規格新線」という名称で加えた。また通常のフル規格新幹線については「標準軌新線」の名称にした。

具体的には東北新幹線盛岡以北では盛岡（東北本線厨川駅南方の運転所横の北盛岡信号場）―沼宮内（沼宮内駅北側の北沼宮内信号場）間と八戸（南八戸信号場）―青森間は新幹線鉄道直通線（以下新幹線直通線）として東北本線を狭軌・標準軌併用の３線軌化にする。沼宮内（北沼宮内信号場）―八戸（南八戸信号場）間は標準軌新線として平成３年に暫定整備計画を決定した。

同様に北陸新幹線では高崎―軽井沢間を標準軌新線、軽井沢―長野間を新幹線直通

注10：軽井沢駅と魚津駅を除いて、東北新幹線と同様に在来線との間には信号場を設置して接続する。軽井沢駅は駅構内で接続、魚津駅は新幹線駅ではないために新幹線規格新線の終点位置に南魚津信号場を設置して南魚津信号場―魚津間に連絡新線を設置する。高岡駅から石動駅に変更したのは石動駅にスーパー特急を停めることを地元が強く要望したためである。

線、糸魚川─魚津間と高岡（のちに石動）─金沢間を新幹線鉄道規格新線（以下新幹線規格新線）、九州新幹線八代─西鹿児島間を新幹線規格新線とした。(注10)

さらに北陸新幹線については、鉄道敷設法で予定線として取り上げられたのちに、国鉄再建法で工事が凍結されていた北越北線六日町─犀潟間を時速160㎞で走ることができる高規格路線にして建設を再開する。東京─金沢間は糸魚川─魚津間と高岡─金沢間を新幹線規格新線で完成させて、北越北線経由の越後湯沢─金沢間にスーパー特急を走らせて、越後湯沢駅で上越新幹線と連絡することで、上野─金沢間の所要時間を3時間26分から2時間48分と大幅に短縮することにした（現北陸新幹線最速「かがやき」で2時間22分なので大きな差ではない）。

東京と富山・金沢を結ぶルートは上越新幹線経由にして、東京─長野間とは切り離すことで建設費を圧縮することにした。さらに発表はされていなかったが、軌間可変新幹線電車を開発して、上越新幹線や軽井沢駅までのフル規格新幹線と、また八代─西鹿児島間の九州新幹線と在来線とを直通させることも考えられていた。そのため水面下で軌間可変電車の調査研究も開始した。

しかし、関係する地元では「ウナギを頼んだのにアナゴが出てきた」と猛反発、さらに北海道新幹線と九州新幹線長崎ルートについてはなんら言及されておらず、暫定整備計画の推進はなされるが、南八戸信号場以北は、青森まで新幹線直通線、すでに開通している津軽海峡線は新幹線規格新線になっているが、他の区間は「まず、着工されない「幻の新幹線になる」と思われていた。そんな雰囲気のなかで書いたのが本書の元になった『幻の鉄路を追う』1996年版である。

整備新幹線に対する地元の熱意

東京の営団地下鉄（現東京メトロ）の車内に「青森まで新幹線早期着工」という中吊り広告があった。北海道新幹線についても、東京─札幌間を4時間以内で結ぶことができるという早期実現を願う記事を月刊誌『文藝春秋』に出している。また新聞等でも、整備新幹線の記事をよく見かけるようになった。先送りになっている整備新幹線の暫定整備の見直しが平成８年度中にあるためである。

整備新幹線ルート上の道・県の熱意には凄いものを感じる。とくに青森県は営団地下鉄に中吊り広告を出したり、丸ノ内線の国会議事堂前のホームの壁にも広告を出したりしている。運輸省や大蔵省がしぶるなか、凄い熱意である。首都圏に住んでいてはわからないものがあるのだろう。

また、海峡線を通る度に見える、木古内駅や津軽今別（現奥津軽いまべつ）駅あたりには新幹線との分岐設備も用意されている。白糠線などの未成線と違って、海峡線の施設には道や県からの熱いまなざしが注がれている。だが、これが利用されるのはまだまだ先のことであろう。一度じっくり見たかったので、北十勝線など取材の帰りに立ち寄った。さらに、北海道庁や青森県庁がどう考えているのか、取材することにした。

東北新幹線延長線・北海道新幹線の概要

東北新幹線は盛岡駅で止まっている。１９９６年時点では盛岡―八戸間96kmがフル規格新幹線として（１９９５年4月に決定変更された）工事中で、すでに延長８kmの三戸トンネルは貫通した。この区間はトンネルが全線の74%を占める〝モグラ新幹線〟である。岩手トンネルは25kmもあり、３kmを超えるトンネルは8カ所もある。途中の駅は沼宮内（現いわて沼宮内）、二戸である。

八戸駅から北は内陸部に入り、十和田観光電鉄（２０１２年4月廃止）と交差して、南部縦貫鉄道（１９９７年5月休止、２００２年8月廃止）の盛田牧場前駅付近で交差した先に新幹線の七戸駅ができる。そして八甲田山の北側を長大トンネルで抜けて青森市に入り、奥羽本線の新青森駅が終点である。八戸―新青森間もトンネルの連続である。

東北新幹線盛岡以北のフル規格ルート図

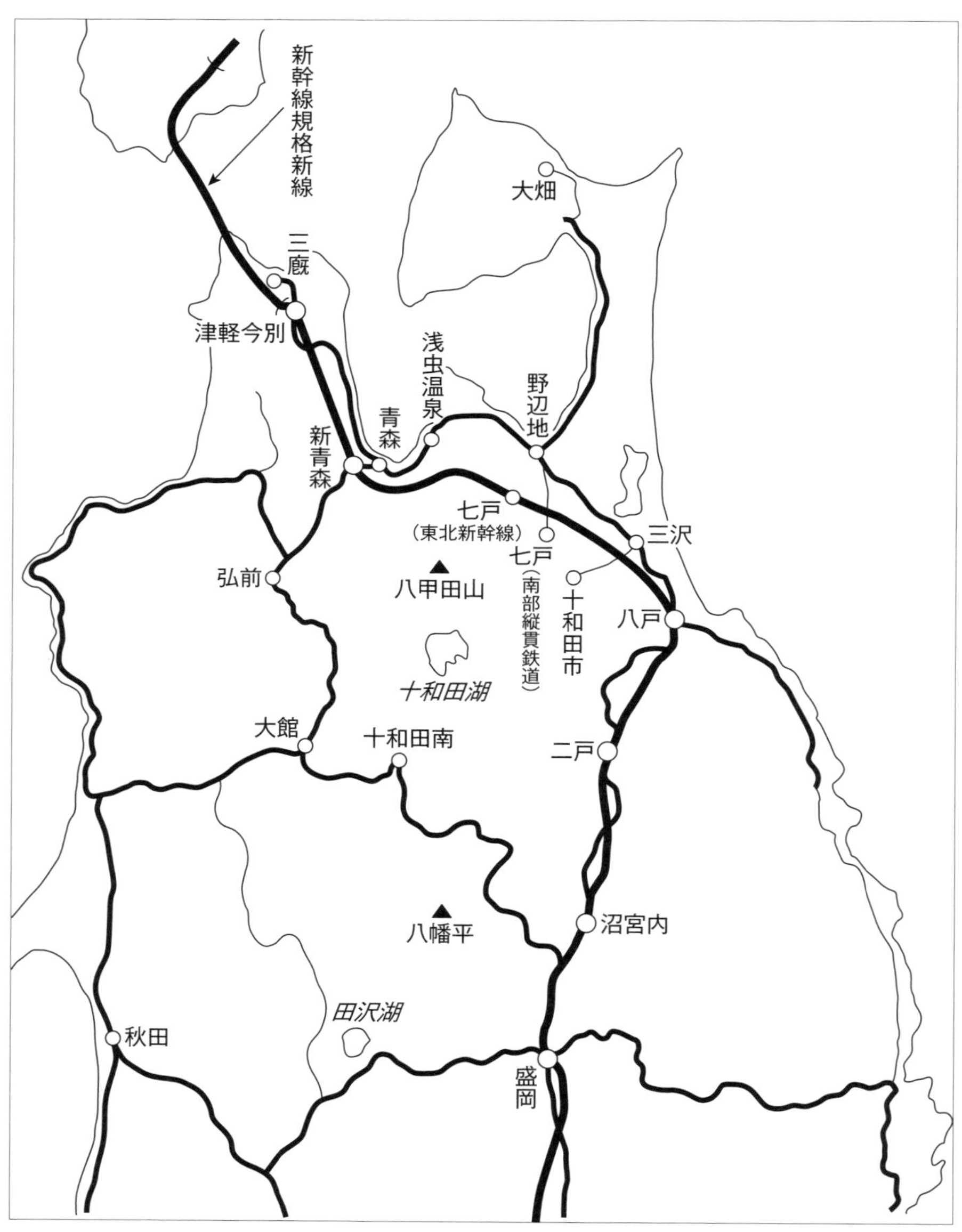

東北新幹線暫定整備計画

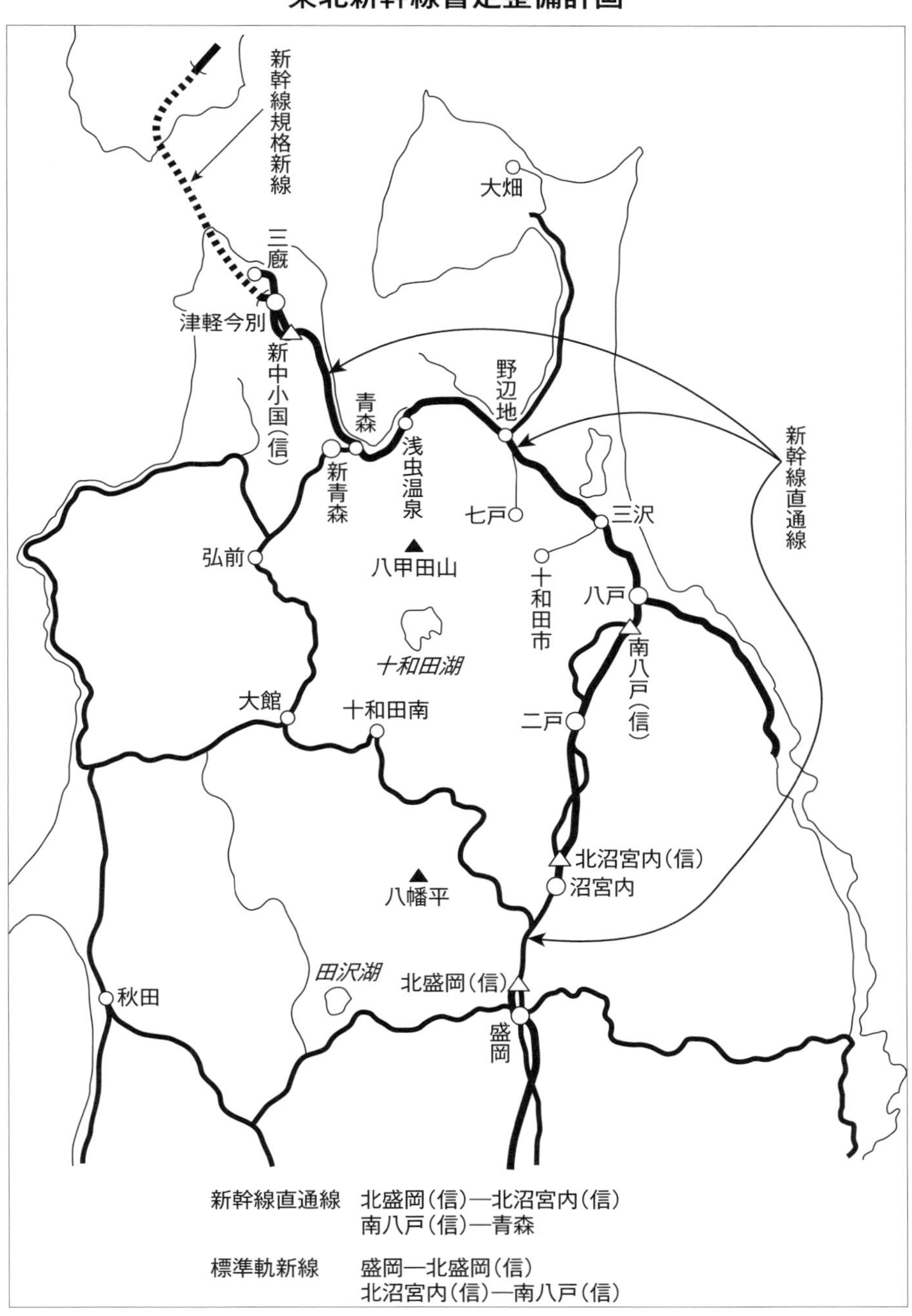

新幹線直通線　北盛岡(信)—北沼宮内(信)
南八戸(信)—青森

標準軌新線　盛岡—北盛岡(信)
北沼宮内(信)—南八戸(信)

上十三縦貫鉄道構想

新幹線七戸駅は南部縦貫鉄道の七戸駅とは離れたところにある。そこで青森県陸奥地区の人々は上十三(かみとうさん)縦貫鉄道なる構想を打ち出した。上十三とは十和田市、三沢市、野辺地町、百石町、十和田湖町、おいらせ町、六戸町、横浜町、上北町、東北町、下田町、天間林村、六ケ所村の13市町村のことだが、十和田市駅と三沢駅を結ぶ十和田観光電鉄の北側の地区（上十三）を縦貫するということもかけていたようである。

ＪＲ大湊線と南部縦貫鉄道と直通し、南部縦貫鉄道は中野―七戸間を廃止して、新幹線七戸駅を経由して、同鉄道の七戸駅を経て十和田市駅までの新線を造って、十和田観光電鉄とも直通するという構想である。

もともと南部縦貫鉄道と「縦貫」が付いているのは同鉄道の七戸駅から十和田市駅までの南北を縦貫する予定があったからである。それをさらに拡大したのが上十三縦貫鉄道構想である。非電化の大湊線と南部縦貫鉄道を電化して、全線に渡って高速化するとしていた。

しかし、この構想は過疎化している地域を貫くことから非常に無理があり、核となる南部縦貫鉄道は廃止され、十和田観光電鉄も平成24（２０１２）４月に廃止されてしまい、夢のまた夢で終わってしまった。

北海道新幹線

新青森駅からは北海道新幹線である。津軽半島をほぼまっすぐ北上し、津軽線と大平(おおだい)駅の青森方で交差、海峡線に入る。青函トンネルを標準軌・狭軌併用の３線軌条（１４３５㎜軌間と１０６７㎜軌間と外軌側のレールを共用）で在来線とともに走り、北海道に入る。

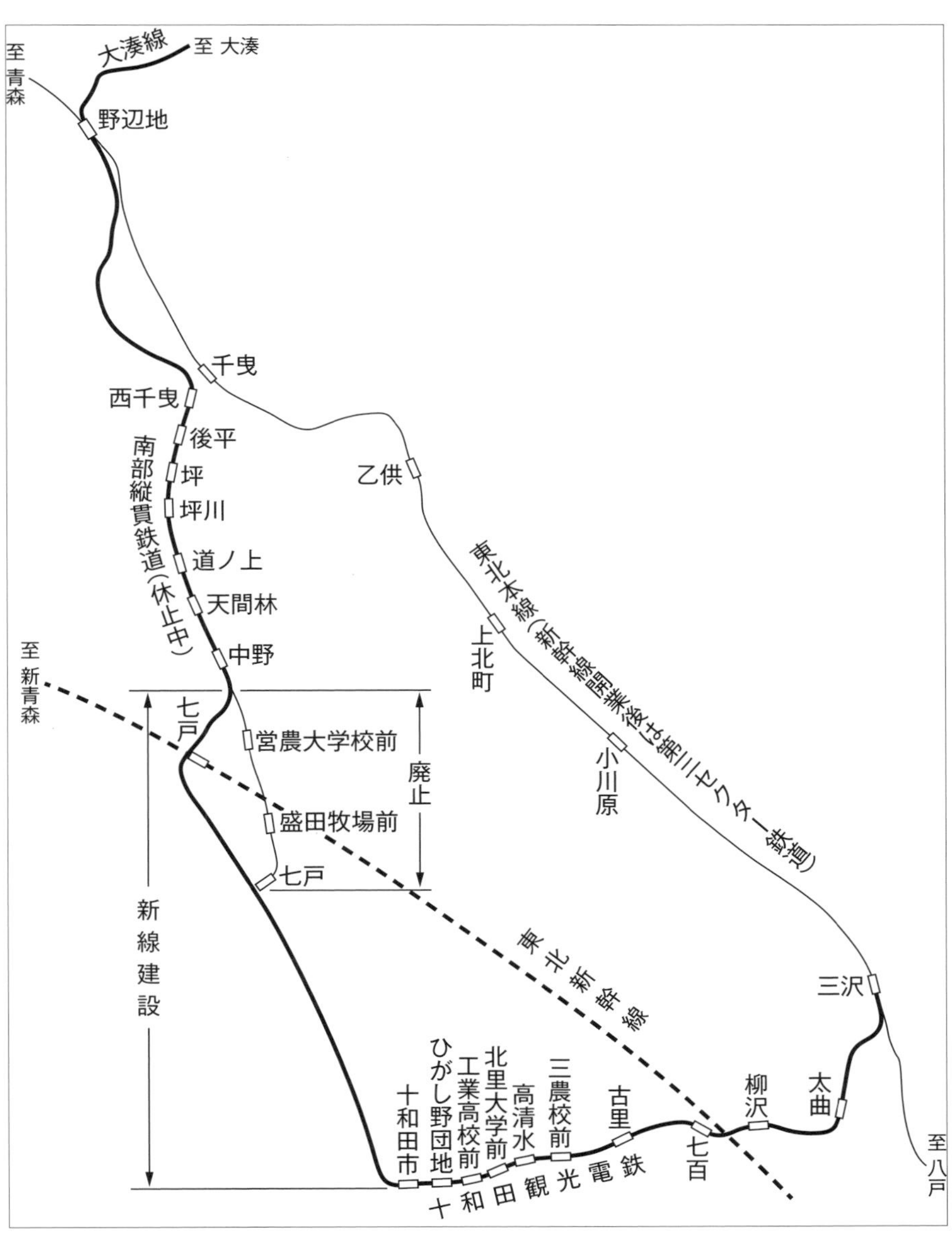
大湊線
至 大湊
至青森
野辺地
千曳
西千曳
後平
坪
坪川
道ノ上
天間林
中野
南部縦貫鉄道(休止中)
乙供
東北本線(新幹線開業後は第三セクター鉄道)
上北町
小川原
至新青森
七戸
宮農大学校前
盛田牧場前
七戸
廃止
新線建設
東北新幹線
三沢
太曲
柳沢
七百
古里
三農校前
高清水
北里大学前
工業高校前
ひがし野団地
十和田市
十和田観光電鉄
至八戸

木古内駅手前で海峡線と分かれ、江差線の山側をトンネルで抜け、函館平野に入り、函館線の渡島大野（おしまおおの）駅が新函館駅となる。国の計画では新青森の次は新函館となっているが、青森県は津軽今別駅に、北海道は木古内駅に新幹線駅をつくるよう要求している。

新函館駅を出ると大沼の西側をトンネルで抜け、函館本線沿いにトンネルで進む。途中、新八雲、長万部（おしゃまんべ）に駅ができる。現在、函館—札幌間を走る主要列車は、線路改良が進む室蘭本線経由だが、北海道新幹線は長万部駅から先も函館線本線沿いを通る。ただし、この先の函館本線は線形改良されていないため、新幹線はほぼ直線で羊蹄山の麓の倶知安（くっちゃん）駅を目指す。このため、ここも長大トンネルの連続になる。倶知安駅の先も短絡ルートをとって新小樽駅となり、新小樽駅からも山側をトンネルで抜けて、函館本線手稲駅あたりから完全に並行して札幌駅となる。

盛岡—札幌間のほとんどがトンネルで、まさしくモグラ新幹線である。トンネルにするのは用地買収が不要なこと、環境破壊、騒音問題や雪害に配慮しているのだが、東京などの大都市付近の市街地と違って土地が安いところなので、用地買収費を下げるという理由でトンネルを多くする必要があるかは疑問である。

東北新幹線で一番費用がかかり時間を要したのが用地買収だが、そのほとんどは首都圏であり、とくに大宮以南だった。このため、大宮以南が以北と同時開業できなかったのである。

一説によると、上野—大宮間の工事費と盛岡—新青森間の工事費は同額だといわれる。上野—大宮間を無理して別ルートにせず、現東北本線の直上を走らせれば、新青森駅まではすでに開業していたかもしれない。ただし大宮以南は上越新幹線の用地も確保しているから、その費用も入っている。

新幹線の建設費は膨大だといっても、その大半は用地買収費である。それを避けるためにモグラ新幹線にするのだろうが、これは人口密集地帯にいえることで、北海道や青森などの土地が広いところでは、かえってトンネルにしないほうが建設費は安いといえよう。それにモグラ新幹線では車窓を楽しむことができない。

だが、時速３００～４００㎞運転を目指すのなら、騒音問題は避けられない。騒音を減らす努力がなされているが、トン

北海道新幹線

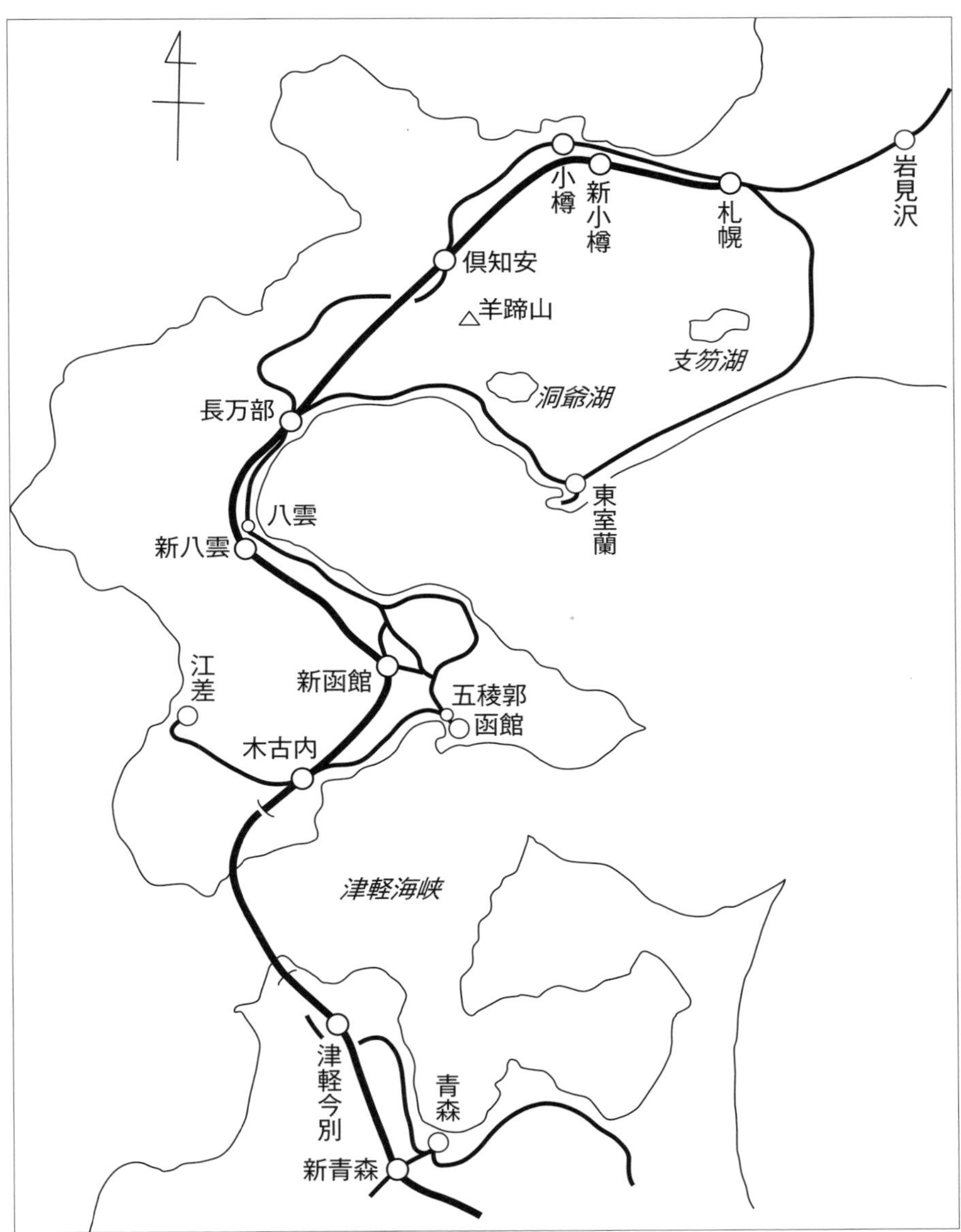

岩見沢
小樽
新小樽
札幌
倶知安
羊蹄山
支笏湖
洞爺湖
長万部
東室蘭
八雲
新八雲
新函館
江差
五稜郭
函館
木古内
津軽海峡
津軽今別
青森
新青森

ネルだと騒音問題はあまり関係がなくなるから、気にせずに高速運転はできるだろう。

ただし高速でトンネルに入ると、いわゆる「トンネルドン」を解消する必要がある。トンネルドンとは列車が高速でトンネルに進入するとき、出口から大きな破裂音（微気圧波）が出る現象で、山陽新幹線で結構悩まされたものである。これは300km運転の計画時に問題となったが、出口にフードを設けることでかなり緩和して、300km運転を可能にした。

在来線流用・活用の諸方策

北海道への往路に乗った急行「はまなす」では、夜が明けてから最後尾のデッキで室蘭本線を眺めた。室蘭本線で線路を眺望したのははじめてのことだが、登別（のぼりべつ）駅を出てしばらくすると線路はずっとほぼまっすぐである。これだけ線形がよければ、在来線でも250kmは出せる。新幹線ならば350kmなど平気だろう。この区間を流用すれば建設費は安くなるだろう、と思った。

在来線を流用する方法としては、直上高架方式、あるいは在来線も上げて共用する方式がある。また、すぐに新幹線電車を走らせるわけにいかないから、九州新幹線八代（着工時は千丁駅の南1キロ付近に北八代信号場を設置して鹿児島本線から分岐）—西鹿児島間のように、路盤は新幹線規格にしてとりあえずは狭軌の線路を敷設し、狭軌新幹線とするのもいいだろう。

登別寄りから見た室蘭本線糸井駅。苫小牧駅までほぼ直線になっており、左手山側に複線用地が並行している

このように考えていたが、山側を見ると複線線路の用地が確保されているのに気がついた。沼ノ端駅から東室蘭駅までの貨物線をつくる予定があったためである。ここに新幹線線路を高架で敷設することができる。計画では長万部以北も函館本線に沿うことになっているが、一部複線の用地が確保されている室蘭本線経由つまり基本計画で取り上げられている北海道南回り新幹線（長万部―室蘭―札幌間）を先につくってもいいのではないか。遠まわりになるが、建設費を圧縮したり、とりあえず新幹線を札幌まで走らせたりするにはそのほうがよいのではないかと思う。

並行在来線の存廃問題の解消策として、新幹線電車と普通電車を一つの線路で、つまり新幹線線路に両方を走らせる考え方もある。在来線で特急と普通が混在しているのと同様である。この方式では、すべて標準軌とし普通電車も標準軌の車両を使うものと、貨物列車の運転を考慮してレールを標準軌・狭軌併用3線軌とするものが考えられる。(注11)

輸送密度（1kmあたりの平均乗車人員）が低いところでは、新幹線と在来線の2本もいらないのである。そこで、在来線を活用するミニ新幹線（正式名は新幹線直通線）によって、フル規格新幹線をつくらないで建設費を圧縮する方法が考えられた。フル規格新幹線でないために時間短縮効果は小さいが、立体交差化も行って高規格路線に改良すれば160km/hや250km/h運転は可能である。しかし、在来線の160km/h運転は法規が整備されておらず、まだ実現していない（1996年時点）。山形新幹線は130km/h運転だから、スピードアップは乗り換え時間の解消とお茶を濁す程度の短縮でしかなかった。

注11：複線の3線軌は上下線間の内側に標準軌用レールを置いて外側のレールを共有する外軌共用と内側を共用する内軌共用がある。現3線軌になった津軽海峡線は外軌共用にしている。こうすることによって新幹線電車同士の間隔は950mmになるのに対して在来線列車と新幹線電車との間隔は1334mmと広くなって在来線列車は新幹線からの列車風の影響を和らげることができる。内軌共用は従来狭軌線だった線路を3線軌化するとき上下線間の狭軌軌道の中心間隔を広げなくてすむメリットがある。

このため、ミニ新幹線の評価は低いものになってしまった。本来ならば１６０km以上の運転をしてこそミニ新幹線として存在価値がある。とはいえ、やはりフル規格新幹線でないと３５０kmの速度で走れない。それならば新幹線線路上に普通電車も走らせて、線路を一つにまとめ、開通後の収益を上げるのも手である。

また、単線新幹線という考え方もある。新幹線は速いから、たとえば新函館—札幌間の所要時間は45分、これを2時間ごとに走らせるとすると途中での行き違いは不要である。ただし45分はノンストップの場合で、各駅停車タイプでは1時間30分はかかる。それでも行き違い設備はそんなにいらない。北海道新幹線は東海道・山陽新幹線などとくらべて沿線人口が少ないから頻繁運転をする必要はなく、単線でも充分である。単線ならば建設費は安い。そして需要が増えたときに複線にすればいい。ちょうど地方の高速道路が当初は対向2車線でつくられているようにである。

とにかく北海道新幹線を実現させるためには、知恵を働かせなくてはならない。現新幹線と同じものを欲するだけでは、話は前に進まないのである。

フル規格にこだわる北海道庁

白糠線探索のあと札幌で1泊し、北海道庁へ向かう。新幹線担当の職員に面会し、まずは、

「国の財政状況からして、フル規格新幹線は難しいようですが、どうお考えでしょうか」

と切りだした。

すると、「北海道新幹線はフル規格でないと、絶対に駄目である」との明快な返事だった。

「それはどうしてですか」

「ミニ新幹線やスーパー特急方式では役に立ちません。フル規格新幹線だと札幌—東京間を4時間未満で走れる。そうでないと意味はない」

「……」

「今後の新幹線は時速350kmで走れる。そのスピードなら3時間台で結ぶことができます。スーパー特急やミニ新幹線ではそうはいかない」

これは確かである。山陽新幹線新大阪―博多間は、300km運転なら2時間17分で走れる。東京―新大阪間の「のぞみ」は最高速度270kmで2時間30分だから、東京―博多間は合計で4時間47分となる。東海道新幹線は最初の新幹線なので、最小曲線半径は2500mが規格となっており、そこでは255kmが最高速度で、直線でたとえ300km出したとしても、2時間20分程度でしか走れない。ただし振り子式あるいは機械動作方式によって車体を傾けると半径2500mでも270kmは可能であり、2時間15分はいけるだろう。(注12)

新大阪―博多間2時間15分運転での表定速度は229・0km、山陽新幹線は最小曲線半径4000mだから常時300km運転できる。東海道新幹線がこの最小曲線半径だったならば、所要時間は2時間である。これで4時間17分（新大阪駅で2分停車）である。だから、350km運転ならば、東京―博多間を3時間台で走ることは可能だろう。ただし、半径4000mでは乗り心地上から最高速度は330kmがいいところである。振り子式にすると350kmは可能だが、空気バネの伸縮による車体傾斜方式では340kmくらいである。

東北・北海道新幹線でも同様に、常時350kmは出せないし、仙台付近などでは線形が悪い。それに既存の東北新幹線はトンネルが少ないから、騒音問題をクリアしなくてはならない。さらに東京に近づくにつれて運転本数が増えて、350km運転をし

注12：現在は左右の枕バネの空気圧を片方を高め、片方を低めにして車体を1度傾斜させて270km運転を実現。さらに3000m以上では最高速度285kmにしているため、最速の所要時間は2時間22分。

にくくなるなど、結構、問題は多いが、それでも基本的に東京―札幌間3時間台は可能だろう。

だが、そんな計算は、失礼を承知でいうと道レベルではあまり考えないことである。これはだれか知恵者がいるなとは思ったが、結構研究し自信が溢れ出ている。これには圧倒されたが、それにしても財源問題がある。また、ＪＲはあまりいい返事はしていないと聞いている。

「確かにそうでしょうが、ＪＲはそれほど新幹線について歓迎していないようです。財源的にも難しいし、ＪＲは50％とはいっても建設費を負担したくないのではないでしょうか」

「いや、ＪＲは乗り気です」

本当にそうかなとも思ったが、言い切る以上はそうなのだろうし、あとで調べると確かにＪＲ北海道は新幹線に乗り気である。

そして、「財源については国と折衝中だが、４時間未満説でいい返事をもらえるはず」とのことであった。

「しかし、国はなかなかガードが固いし、運輸省は在来線の高速化か在来線の流用を考えているようですよ」と質問した。その答えの要旨は、国からどれだけ新幹線建設の予算をぶんどるかが道の腕の見せどころ、並行在来線を流用しても種々雑多な列車が走っているし、狭軌で２００㎞を出すなどは危険である。また、在来線の高速化は札幌―釧路間で進行中で来年（平成９年）にはかなりのスピードアップをするが、やはり限界がある、というようなことであった。

新幹線を誘致しようとしている道や県は、在来線に対する評価がどこへ行っても低い。予算ぶんどりについてもどこも同じである。もう少し在来線（というよりも狭軌線）を見直してもらいたいものである。在来線でも改良整備さえすれば、新幹線になりうるのである。

新幹線と在来線との統一論、つまり、同じ線路を共有する考えがいろいろなところでいわれていることについて質問したが、これはミニ新幹線論と思われたようで、即座に否定された。再度、新幹線線路そのものに普通電車を走らせることはどう思うかと聞くと、そんな考えは初耳で答えようがない、とのことである。

フル規格新幹線しか頭にないというわけだが、札幌までこれができるのは何年もかかる。とりあえず、できるところから新幹線化するのが良策だろうが、「手戻り工事は無駄」ということで、これも一蹴された。絶対にフル規格新幹線でしか駄目なようであった。

道庁をあとに札幌駅まで歩く間に考えたのは、やはり東京から遠い札幌ではフル規格新幹線でないと役に立たないのは仕方がないのだろう、4時間程度で東京と結ぶことができれば確かに価値があろう、というものだった。

北海道がフル規格新幹線にこだわるのはわからないでもない。だが、青森県ではミニ新幹線にしたとしても、フル規格新幹線との差はたかだか30分程度だから、ここはとりあえずミニ新幹線にしたほうがいい、青森県がなぜフル規格新幹線にこだわるのか、知りたいところでもある。

もう一つ、このとき聞いた話の中に「北海道新幹線は開通すればかならず儲かる路線になる」というのがあった。それならばなぜ話がもっと進まないのだろう。逆にいえば、国からの建設費をあてにせず、ＪＲだけで建設するとか、法的には無理もあるが私鉄でつくればいいのではないか。儲かるのであれば投資家がだまっていないはずであろう。

そう考えながら札幌駅に着いた。札幌駅は高架化されて立派になったが、駅全体が北側に移ってしまい、とくに地下鉄からの乗り換えは不便になっている。これは南側の空間を北海道新幹線のホームにする予定だからである。これも何年もむなしく空地のまま放置されており、一部は売却されるという。

札幌駅前にある北海道新幹線早期実現の看板。こちらは「スーパー北斗」で実現した札幌─函館間2時間59分のほうがインパクトがあったので、これも掲げている。ただし現在は最速で3時間29分と30分も遅くなっている。

道庁にある札幌―東京間3時間57分とした北海道新幹線早期実現の看板

「スーパー北斗」2時間59分の功罪

札幌から函館までは「スーパー北斗10号」を利用した。「スーパー北斗」はキハ281系振り子式高出力気動車により、従来4時間かかっていた札幌—函館間で3時間を切るまでに短縮した列車である。といっても1往復運転される最速の所要時間が2時間59分で、多くは3時間0分台になっている。フル規格新幹線で札幌—東京間は4時間を切るという話と似たようなものである。

札幌—函館（新函館）間にフル規格新幹線ができると45分で結ばれるのだから、「スーパー北斗」の2時間59分は、在来線を高速化してもこれが限界という見本のようにとられ、やはりフル規格新幹線でないと駄目だと思われている。

しかし、これは現行施設を少しばかり改良して、振り子式高出力気動車を入れただけで、しかも法規上最高速度が130㎞しか出せないことに起因する。(注13)室蘭本線や函館本線の直線区間を複線高架にして電化も施し、この区間で160㎞運転が特認されれば、2時間30分で走らせることは可能だろう。また、全線高規格化して、現時点での狭軌線最終目標の250㎞運転を行えば、1時間30分というのも可能だろう。

新函館駅は現在の函館駅と結構離れている。このロスタイムを考えれば在来線の高規格化も捨てたものではない。一部単線の非電化路線（札幌—室蘭間は複線電化）からいきなりフル規格新幹線にワープするのもいいが、予算上なかなかそれが許されない以上、段階を経てスピードアップするのが、スジというものであろう。

注13：鉄道運転規則（昭和62年3月運輸省令）の第54条として「非常制動（非常ブレーキ）による列車の制動距離は、六百メートル以下にしなければならない」と定めている。これは「600m条項」と言われていた。レールと車輪との間の粘着力だけに頼る通常のブレーキ装置で600m以内に停車できる速度は130㎞が限度である。このため130㎞以上出せない。

もちろん車両からレールに電磁波を当ててブレーキをかける装置の開発が行われて、JR四国の8000系が時速160㎞のとき非常ブレーキをかけて600m条項をクリアした。しかし、急ブレーキすぎるとして実用化はされなかった。近鉄では33‰の上り勾配で160㎞を出そうとしたがこれも実現しなかった。北越急行ほくほく線で特急「はくたか」が160㎞運転を開始したが、このときは特認で行われた。そして現在は600m条項は撤廃されている。

「スーパー北斗」が登場して、札幌―函館間は空路とほぼ同じ所要時間となり、結構乗客が増えたという。だが、2時間59分で走る「スーパー北斗」は5往復中1往復だけである。しかも当初この所要時間で走るのは途中東室蘭だけの停車だった。登場して間もないころ、札幌駅からこの1駅だけ停車の「スーパー北斗2号」に乗ったことがあるが、札幌発6時48分と朝早かったことや函館駅で海峡線の列車と接続していないこともあって、利用者はそれほど多くはなかった。

その後、この列車は所要時間はそのままで南千歳、苫小牧にも停車して、利用率を上げるようにしている。今回乗った10号は札幌発11時15分といい時間の発車であり、途中、南千歳、苫小牧、登別、東室蘭、洞爺に停まる。だから指定席は満席で、しかたなしに自由席にしたが、これも長蛇の列、幸いに座れたが、立ち客が通路に溢れている。やはりスピードアップをすれば乗ってくれるものだと思った。結構なことだが、そうであれば増結、増発も必要だろう。

しかし、この満員状態は東室蘭駅を過ぎると解消され、座席がほぼ埋まる程度になってしまった。結局、利用されているのは室蘭までだけのこと、函館までの利用ではなかったのである。

札幌駅の小樽寄りでは複線分を残してビルが建っている。現在はさらにその奥の新幹線ホーム予定地に高層のJRタワーが建っている

札幌付近は新幹線用に用地が確保されている（桑園にて）

八雲駅付近の函館本線から見えるように海岸に建てられていた北海道新幹線と新八雲駅の早期実現の看板

これではフル規格新幹線をつくっても乗る人は少ないのではないか、現実の需要は札幌―東室蘭間だから、ここにまず新幹線を建設してとりあえずはスーパー特急を走らせるのがいいのではないかと思ったが、逆に今までのフル規格新幹線の例からして、北海道新幹線をつくれば札幌―函館間は、誘発効果で結構利用されるのではないかとも思われた。この点が、新幹線が必要かどうかの大きな議論になっているのである。「スーパー北斗」は途中で対向列車との行き違いのために運転停車した。複線ならばその必要はない。「スーパー北斗」はまだスピードアップの余地があるのである。そう考えている間に大沼駅を通過して、函館平野に入り、新函館となる予定の渡島大野を通過、定刻に函館駅に到着した。

木古内の新幹線・在来線分岐部

函館駅で「トレン太くん」の手続きをすませたが、供されたクルマは釧路ナンバー、乗り捨て車両の利用であった。

函館市街を抜けて、江差線と並行する国道228号（松前国道）で木古内に向かう。途中、快速「海峡」と並走したが、法定速度で走る私のクルマのほうが速かった。線形は悪いし、単線のために行き違いをしなければならないからである。

せっかく津軽海峡線をつくっても[注14]途中までの江差線がこうでは、時間がかかってしまう。旅客列車は北海道新幹線ができれば、そちらへ移るため、江差線は暫定使用だが、北海道新幹線は直接函館には行かない。函館からの利用は新函館経由あるいは江

注14：運輸省による暫定整備計画の新幹線規格新線（スーパー特急）のモデル

差線で木古内まで行くことになるが、これでは函館―青森間の高速フェリーと対抗しえない。

高速フェリーの運航開始の対抗策で、海峡線を走る特急「はつかり」は海峡線内で特認によって140㎞運転を開始してスピードアップをしたが、まもなくもっと速いフェリーが登場する。新幹線ができたとしても函館―青森間に限っては、新函館経由になるから、フェリーに対抗しえないといえよう。

北海道新幹線の開通を待たずに、江差線の改良、あるいは新線をつくる必要がある。北海道新幹線の開通を考慮すると、とりあえず五稜郭（ごりょうかく）―上磯間を複線化しフル規格新幹線が走れるように軌道中心間隔を広げておく。新幹線が開通した時点で、上磯駅から、江差線の山側を走る新幹線までの連絡線を建設して、ここから新幹線に入ればいい。

青森側の津軽線も同様にすればいい。また、北海道新幹線は函館までの暫定開業が考えられるが、これが新函館駅までの部分開通とするならば、あまり意味はない。やはり函館駅に乗り入れなければならないから、この連絡線の建設と五稜郭―上磯間の複線化、函館―上磯間をフル規格新幹線電車の乗り入れが可能なように改良することは無駄ではない。

そんなことを考えているうちに木古内駅に到着した。海峡線と江差線との分岐点はもう少し青森寄りに行ったところなので、そこまでクルマを走らせる。木古内駅を出てすぐ複線の海峡線と単線の江差線とが分かれて並行し、この分岐点で江差線が右にカーブしてゆく。だが、これは新幹線との分岐点ではない。

ここから海峡線の青森寄りを見ると、意味もなく盛土になっている部分がある。これが新幹線との分岐部である。しかし、そこへ行く道は見当たらない。

地図を見ると、この先で左へ曲がり海峡線と交差している道がある。その道を走って行ったが、分岐部には行っていない。未舗装の農道が分岐部まで延びていそうなので、凸凹道を進むと、ようやく分岐部に達した。

在来線が両側に広がり、その間に新幹線がまっすぐ進む構造になっているが、新幹線部分は当然、未完成である。木古内方向を振り返ると在来線の高架橋はそのまま地上に降りて、分かれていた上下線は合流して右カーブし、先ほどの江差線との合流点に向かっている。ここからではその様子がわかりにくいが、青森寄りにあるトンネル（上野トンネル）の上を通る道路が見えた。再び農道を走らせて、最初の道に戻り、上野トンネルの上にたどり着いた。

ここからは木古内方の様子がよくわかる。新幹線は在来線の函館方面下り線と立体交差してほぼまっすぐ進むと思われるが、途中にたくさんの民家があり用地買収に手こずりそうである。ただし、当初はここからまっすぐ山に入るルートだった。しかしその後木古内駅に新幹線駅を設ける要望がなされてきたので、新幹線も緩いカーブで木古内駅を通り抜けることになった。

この位置に立って、いつになれば北海道新幹線ができるのだろうかと考えていると、貨物列車が低速で通過していった。海峡線は貨物列車の往来も激しい。しかし、北海道新幹線ができると、貨物列車との速度差が問題になる。

貨物列車は木古内─津軽今別間を1時間あまりかかっている。時速300㎞の新幹線電車は両駅停車列車で26分、両駅通過列車で13分で走る。これだけ速度差があれば、貨物列車が1時間前に先発しても新幹線電車はすぐ追いついてしまう。整備新幹線計画の260㎞運転でも、両駅通過電車は18分だからこの事態は変わらない。

貨物列車は夜間に走らせることにすると線路保守が問題になってくる。昼間も走らせる必要があり、そのためには貨物列車といえども200㎞を出す必要がある。現在の「高速貨物列車」は最高速度110㎞と、在来線旅客電車からすると一時代前の速度である。すべてとはいわないが、200㎞出せる貨物列車の開発も北海道新幹線を開通させるカギとなろう。

木古内の分岐点から青森方を見る。中央を新幹線が走る。奥が上野トンネル

上野トンネルは断面が大きい新幹線トンネルになっている。トンネルの上を道路が横切っている。北海道新幹線開業後、ここに列車撮影用のお立ち台が設置されている

新函館＝渡島大野の地元は冷静

木古内の次は、新函館駅となる予定の渡島大野駅へ向かう。木古内を出発したのは16時過ぎ、渡島大野駅近くに達したころは17時を過ぎてしまい、帰宅ラッシュに巻き込まれてしまった。渋滞はしていないが、帰宅のクルマは運転が荒いこと、そのなかを法定速度で走るのは辛いものがある。

渡島大野駅に着いたが、なんの変哲もない無人駅である。新幹線駅となることを示すのは「北の大地に新幹線を」となかの看板が二つあるだけである。帰宅の降車客を迎えに来て手持ちぶさたの人がいたので、「ここが新函館駅になる予定ですね」と聞くと、「そうらしいですよ。だけれどもできるとは思っていない」という返事だった。

「でも、結構、フィーバーしているではないですか」と聞いたが、「それは道庁の関係者だけが騒いでいることで、この近くに住んでいる者にとっては期待も何もしていない」と言う。これは3組いた人たち全員共通の意見だった。

駅前に民家はあるが、あとは何もないここを見ていると、「ほんまにできるのか?」という感じはする。同様な印象

木古内の分岐点。奥が木古内方。左右の在来線の間に新幹線が走る。北海道新幹線が開通した現在は立ち入ることができなくなっている

を北陸新幹線の新佐久駅の予定地で感じたことがある。北陸新幹線長野開業後はホームができ、交差する小海線も高架になり、駅前にイオンモールなどができて雰囲気は一変しているが、最初に新佐久駅を見に行ったときは、まだフル規格で建設するとは決まっておらず、信越本線にミニ新幹線を走らせる予定だった。しかし、地元の人に聞くと期待に胸をふくらませていた。

北海道新幹線はまだそれほど一般の人に浸透していないようである。北陸新幹線と違って、北海道新幹線は時間的にも距離的にも東京から遠すぎるということである。

道路渋滞の解消は鉄道整備で

渡島大野駅から函館駅に戻ったが、国道228号は非常に混んでいた。とくに七重浜駅手前の交差点ではほとんど動かない状態になった。公共交通機関、なかんずく鉄道がこれだけ道路に押されてしまっては役に立たないのである。国道228号もひどいが、函館本線と並行して北上する国道5号はもっとひどいと聞く。このため、函館新道といった道路整備をかなりしているが、増えるクルマに追いつけ

上野トンネル上部に設置されたお立ち台（ビュースポット）

上野トンネルから見た木古内の共用区間終点全景（向こう側が木古内・函館方） 在来線はこの先で右に急カーブするが中央を進む新幹線は高架で緩く右カーブする。分岐部は狭軌線と標準軌線の分岐ポイントを設置することになるので、工事がしやすいバラスト軌道になっている

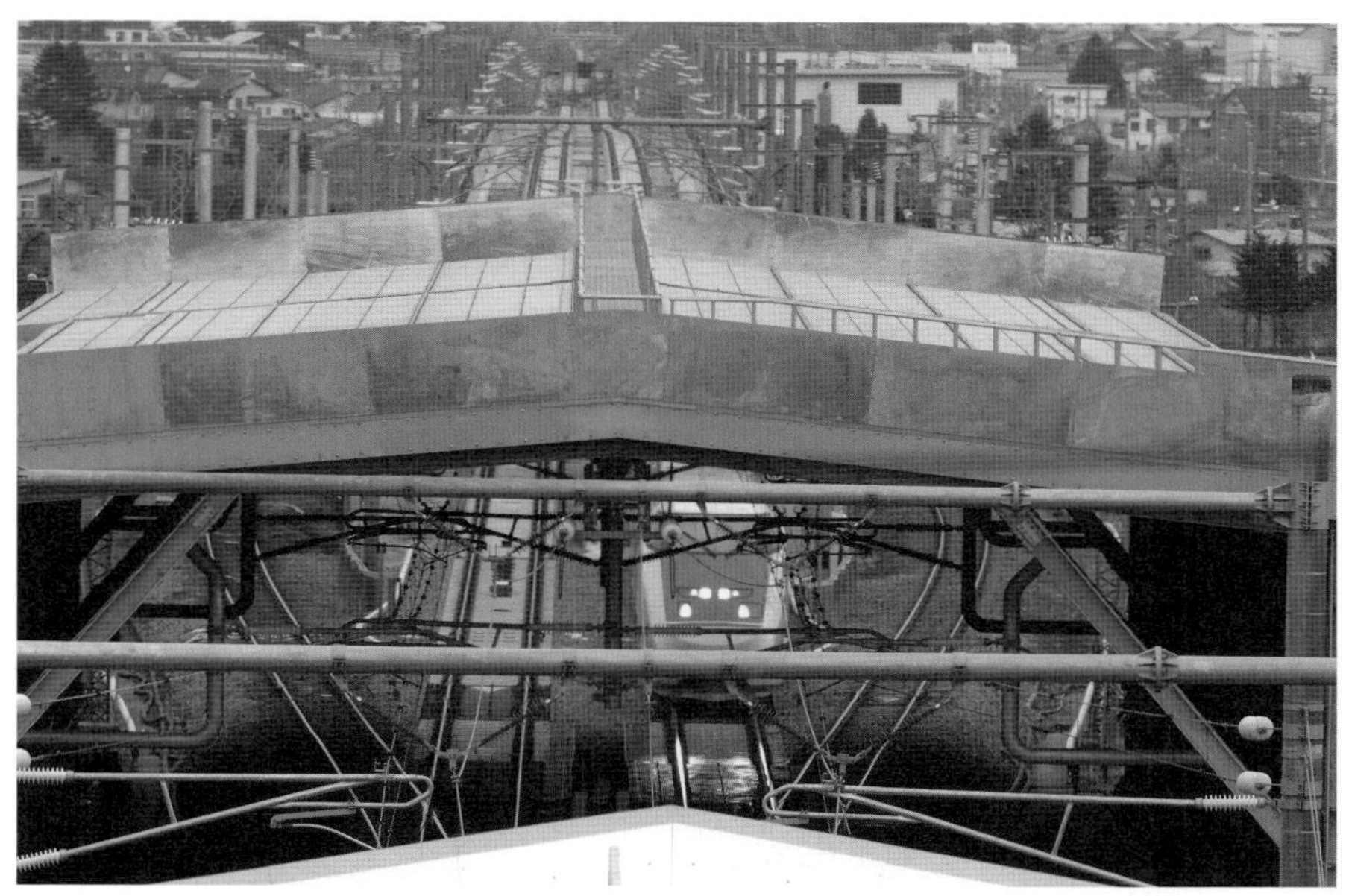

新幹線開業後にお立ち台から見た共用区間終点。海峡線との分岐部にはスノーシェルターが設置された。シェルター内はバラスト軌道になっている

上野トンネルの上部の道路から青森方を見る。奥は第4森越トンネル。海峡線の大半はスラブ軌道で上下線の内側に標準軌のためのレールが敷けるように用意され、外側のレールを狭軌と標準軌の両方の車両が共用する外軌共用3線軌化することにしているが、標準軌と狭軌の分岐部は簡単にポイントが設置できるようにバラスト軌道になっている。そのバラスト軌道は上野トンネルを通り越した青森寄りに出たところまで長めにとっている

同、北海道新幹線開通後の青森方を見る。3線軌になっており、分岐部用に長めにとっていたバラスト軌道はさほど必要ないとして線路の両端のバラストを残して3線軌のスラブ軌道に変更している。走っているのはH5系（右）とJR東日本から借用した総合試験電車イーストアイ（左）

ない状況である。クルマは便利だが、渋滞してしまってはどうしようもない。とくに公共交通機関が整備されていない地方都市では深刻である。

函館では、北海道新幹線の建設を機会に公共交通機関を整備すればいい。既存の函館本線や江差線の運転本数を増やすだけでなく、渡島大野駅から新幹線と並行して南下、途中から江差線の上磯駅に達する新線をつくり、普通電車を走らせるとともに、札幌駅や東京方面からの函館駅行新幹線電車も走らせるのである。頻繁運転しさえすればクルマからのシフトが期待できる。

道路渋滞はクルマが1～2割程度減れば解消できるという研究がある。時間がかかるバイパスを建設するより、鉄道を整備してクルマを1～2割でも減らせばそれでいいのであり、クルマ利用ができないお年寄りや子供が便利になるだけでなく、観光客もその恩恵を受ける。

もっともそのとき観光客の「トレン太くん」利用が増えれば、道路整備をしなくてはならないが、私自身はレーダーによる取り締まりや不案内なところでの事故におのきながらの運転はあまり好きではないし、たいがいの旅行は強行軍だから、運転中に睡魔に襲われると危険で

函館寄りから見た渡島大野駅。左側の駅舎などに新幹線駅が併設される

木古内駅の新幹線誘致の看板にはカートレインを海峡線に走らせよとの文言が入っている。当時、カーフェリーに対抗するために新中小国信号場—木古内間でカートレインの運行案があったからである

新函館駅となる予定の渡島大野駅

ある。公共交通機関が気軽にそして簡単にいつでも利用できるのであれば、それにこしたことはないのである。

そんなことを考えつつ、なんとか函館の駅前に近づいたが、混んでいる車線を避けたために、函館駅へ右折しそこねた。あまり慣れていない併用軌道を函館市電と並走してUターンし、なんとか函館駅に到着した。やはりカーナビがなかった当時は不案内なところでの運転は面倒である。

函館駅前にある函館拓銀ビル（現函館北洋ビル）には「新幹線　青森・函館同時開業実現を！」という横断幕がかかっていた。もう青森まではフル規格新幹線の建設が決定したような文句である。それにここでは札幌側と違って「北海道新幹線」という文字はない。それをいわなくても海峡線の前後さえ建設すれば、なんとか函館まで新幹線を持ってこられるからだろう。だいぶ東北新幹線に近くなった証拠である。

単線区間で遅れる津軽海峡線特急

函館で1泊した後、朝一番の盛岡行特急「はつかり10号」に乗る。快速「海峡」や寝台列車では海峡線を利用したこ

渡島大野駅にあるもう一つの看板

とはあるが、電車ははじめて、しかも当時は在来線で一番速い１４０㎞運転の列車である。すいている自由席に陣取ると、反対側のホームに「北斗星」が到着した。７時を少し過ぎた時間で、最も遅く出る「北斗星５号」でも函館到着は６時30分ごろだから遅れていたのだが、このときは気づかなかった。

「はつかり10号」は函館駅を定時に発車した。しかし、五稜郭駅で運転停車、七重浜駅手前では対向列車の進入待ちなのか数分の停車、その後もトロトロと走る。こんなダイヤで走っていては駄目だぞと憤りを感じる。上磯駅で再び運転停車をし、車内放送で「下り列車のダイヤが乱れて10分ほど遅れています」という放送が入った。これで何度も運転停車をする理由はわかったが、もっと早いうちに案内放送をしておくべきであろう。

木古内駅で遅れは14分となった。ここからは海峡線内だから、さすがに飛ばした。１４０㎞で青函トンネルをかけぬけ、蟹田駅に到着したときには５分遅れにまで回復した。９分も回復できるとは大したものだが、逆にいえばそれくらい余裕時間を持たせているということである。

蟹田駅で運転士だけでなく車掌もＪＲ北海道からＪＲ東日本にバトンタッチ、津軽線に入る。蟹田駅ではそれほど乗らないだろうと思ったが、あにはからんや結構乗ってきて座席はほとんど埋まってしまった。定時では９時４分発だから、時間的にちょうどいいのだろう。

津軽線内では運転停車をせずに快調に走り、青森駅近くでは３分遅れにまで回復した。「はつかり10号」は青森駅で９分停車するから充分回復するだろうと思っていると、車内放送は「遅れていますので到着後、すぐの発車となりますから、お降りは迅速にお願いします」と言う。結局、青森手前で入線待ちをしてしまい５分遅れに戻ってしまったが、それでも停車時間は４分もあるのだから、そんなことを言わなくてもいいのにと思う。このあたり、定時運転の確保を重視するＪＲ東日本の姿勢がうかがえる。

研究熱心な青森県庁

青森でも例によって「トレン太くん」の手続きをして、まずは青森県の企画部新幹線・交通政策課を訪れた。まず目に入ったのが、段ボールに詰められた「青森までの新幹線早期着工」の鉢巻きである。また、どこかで大会があるのだろう。この熱意には感心してしまう。

とりあえず来訪の意を伝えると、私のことをご存じで、地元青森の状況をもっと理解してほしい、という注文をされた。私としても、運輸省サイドの状況は把握していても、青森県の考え方はわからないから、願ってもないことである。

そこで、どうしてあれほどミニ新幹線を嫌ったのか聞いてみた。答えは富山県や石川県、熊本県で聞いたこととほぼ同じで、〝なにがなんでもフル規格でないといけない〟というものだったが、一つだけ違うことに、「青森県だけを考えればミニ新幹線でも結構だが、日本の骨格として考えるならば札幌までフル規格新幹線は絶対に必要」という答えがあった。

他の県ではこんなことはあまり言わず、とにかく〝おらが県に新幹線を〟という姿勢なのだが、この点が違った。また、並行在来線その他の在来線についても立派に新幹線の枝線になる、総合交通体系として在来線も改良しなくてはならない、とも付け加えた。

そしてここでも、「最新の新幹線技術ならば東京―札幌間は4時間を切ることができる。東京―青森間では2時間30分程度でいけるだろう。だからフル規格でないと駄目である」と聞かされた。

北海道で同じことを言われたときに疑問となっていた点を聞いてみる。つまり、東北新幹線は、東京へ向かうほど列車密度が高くなり、そんな高速運転をしにくくなること、仙台など線形が悪いところが何カ所かあって、曲線半径４０００ｍでは３３０㎞が限度だが、それを考慮しての所要時間なのか。

すると部厚い冊子を持ってきた。そこには東京―札幌間の運転曲線（各区間の速度・運転時分を図示したもの）が詳しく描かれており、これによって3時間41分という時間を算出したということである。

だれが作ったのかと聞くと、民間の鉄道コンサルタント会社だと言う。運転曲線を詳しく見ることはできなかったが、こうまでして算出している熱意にはほとほと感心させられてしまった。その合間の会話からも、ほかの新幹線誘致の自治体と異なって、相当研究していることがうかがえる。手前味噌かもしれないが、私の著作物もあるのである。

それだけではなく、カラー印刷された「北海道・東北新幹線時刻表」なるものも頂戴した。私がよくやるような架空想定時刻表である。だが、この想定時刻表はかなり精度が高く、ほんものの時刻表に近い。よほどの暇人か、これを職業にしている人しかやらない代物である。大したものだが、これは表紙にある「人にやさしい鉄道研究会」が作ったものであるという。

そういう研究会の名はどこかで聞いたことがあり、多分、だれか知恵者で鉄道好きの集まりだろうということは想像していたが、この時刻表を改めてじっくり見てみると、かなり総合的に鉄道を知っていないと作れない精度のものだった。

ＪＲ増資による建設財源確保がベスト

青森県がかなり研究していることは理解した。しかし、問題は結局、建設財源に尽きる。これについての答えは、「現東北新幹線の状況からして、建設すればかならず黒字になる、しかも建設費の50％は国と自治体が出すし、新幹線の開通によって在来線は赤字になるが、これも自治体が引き受けてＪＲと切り離すのだから、ＪＲにとってもこんなうまい話はなく、私企業に対してはこうまでしてもらえない」とのこと。

これは確かに当たっている。私企業ならば半分を公費負担してもらえるようなことはない。ＪＲとしても収支が見合うどころか、これだけ優遇されれば黒字となり、文句はないはずであろう。ＪＲの収支予測はかなり低めで出されており、これをみると一見赤字になっている。うがった見方をすれば、建設費をもっと公費で負担してほしいと考えているようにも思える。

とはいえ、ＪＲにとって建設費の半額負担も、現状では出せない額でもある。既存の新幹線を買うことになり、これが回り回って公費負担のなかに組み入れられている。ＪＲとしては多大な負担となることから新幹線建設に一歩踏みいれる気にならないのである。さらに国の財政危機が問題となり、国からの負担をこれ以上増やすことについても批判があるし、旧国鉄長期債務の処理問題が解決していないことから、これ以上の国からの負担増は無理がある。結局、これらのために未着工区間の建設開始が進まないといえよう。

だが、青森県や北海道が「新幹線を建設しても儲かる」と自信溢れるほど断言し、札幌からこの点をずっと考えてきた私も「いける」という結論に達した。経営が成り立つのであれば、なにも公的資金の支出を期待せずに、民間から資金を集めればいい。

その方法としては、第三セクター会社によって新幹線建設を行いＪＲにリースする方法、あるいはＪＲ東日本やＪＲ北海道が株式を増資して、民間から資金を集めて建設する方法、さらに踏み込むならば、完全な私企業の新幹線鉄道会社による建設である。これらの方法で行えば、財源云々ではだれも文句はいわない。ＪＲが民間会社だというのならば、株式増資で資金を調達するのがスジというものである。ただし法律を改正したり、完全民営化したりする必要

青森駅前の看板

がある。新幹線が確かに優良鉄道となることを証明することもしなくてはならないし、私企業での建設はＪＲが承知しなければできないだろう。しかし、現在の私鉄が大きくなったのは、儲かるという前提で路線を建設していったからであり、大手私鉄などはこれで成功している。

結局、半額を公費負担と考えるから前に進まないだけのことであり、現在はこれを議論するあまり、実際の収支見通しを考えていないといえよう。

結論は、儲かるならばやるべきであり、儲からないのならやらないということである。そして私自身は、北海道庁取材前の時点では儲かることについて、まだ「？」の状態だったが、現在はいろいろな資料をもとに検討した結果、完全に儲かるという結論に達している。

「じゃあ、お前がやるか」と言われそうだが、政治力その他があればぜひやりたいものである。しかし、ただの物書きにそんなことはできない。私としては、可能性を啓発して、だれか政治力のある企業家がやってほしいものである。新幹線を国家プロジェクトととらえなければ、私企業がやってもいいのである。大げさに国家プロジェクトとしているから、すべての関係者が〝お前のところこそもっと出せ〟というなすり合いで進まないのである。

しかし、完全な私企業では困ることもある。フィーダー線としての在来線との連携である。新幹線と連絡する在来線を標準軌化して直通運転などを行わないと、フル規格新幹線は生きてこないだろう。新幹線と連絡する在来線の多くを標準軌にすれば貨物列車は走れなくなるが、これも標準軌の貨車をつくり、新幹線や標準軌化した在来線を走ればいい。また、普通列車を新幹線上に走らせれば、ローカル区間における並行在来線の赤字問題は解決するし、新幹線が通らず取り残された在来線区間にミニ新幹線を走らせることもできる。この点からはＪＲの運営しかないということになる。だから、建設財源は株式の増資でまかなえばいい。

新幹線が開通して得する受益者、つまり一番のお客であるビジネスマンの所属する企業からお金をとれないこともない。新幹線建設も、常磐新線（現つくばエクスプレス）で考えられている受益者負担の原則を導入すべきだが、これを運賃で吸収すると航空機との競争力がなくなる。だから新幹線ができて得する企業その他が、増資という形で参加すればいいのである。受益者負担が可能になるし、負担した側も、新幹線が儲かれば株の配当を受け取ったり、株売却による利益も得られたりする。これが自然な方法ではないかと思う。

最小曲線半径での速度が問題

後日談となるが、「人にやさしい鉄道研究会」（同会は自然解散して今はない）と接触することができた。東京—札幌間で4時間を切る前提条件について確認をとると、「コンサルタント会社は、盛岡、仙台、大宮—東京間の線形の悪さ、各所の勾配を考慮し、最小曲線半径のところでは350㎞で走らせて細かに計算したうえのもので、時刻表の最短3時間41分は余裕時間を考慮しなければ走れる数値である」とのことである。

ただし、最小曲線半径4000ｍでは、左右の空気バネの伸縮差によって、車体を1度傾斜させてクリアーするとしている。現在の振り子電車が5度、まもなく走るＪＲ北海道の283系「スーパーおおぞら」は6度だから、最大カント（曲線部における左右のレールの高低差）を新幹線で最大の200㎜にしたとしても、遠心力は0・08Ｇ（1Ｇは重力加速度）を超えてしまう。そこで、許容できる遠心力を0・1Ｇに変更して、350㎞走行を可能にしている、とのことである。

従来、国鉄は0・08Ｇの遠心力を乗り心地基準の最高値にしていたが、0・1Ｇになったからといって歩けなくなることはない。緩和曲線（最小曲線はいきなりあるわけではなく、最小曲線の前後で徐々に曲がりはじめている区間）があるので急激な遠心力の変動がないから、0・1Ｇにしても構わないというわけである。

最大の加速性能を持つ阪神電鉄のジェットカーの加速度は4・5㎞/時/秒で、これを重力加速度に換算すると0・13Ｇである。満員の通勤電車でこの加速度にしたとしても問題はないから、それより低い0・1Ｇでも確かに無理ではない。

しかし、加速はそれほどいきなりやっていない（阪神でも起動時からいきなりこの加速度にはならず、1秒くらいは除々に加速度を変化させている)。それにジェットカーは各駅停車で発車時だけ加速するから、乗客は加速するときはだいたいわかっており、立っている人はなにかにつかまったりして身構える。しかし、新幹線のような長距離列車では、旅気分もあるし、カーブの遠心力は予告なしでくるから、立っていると倒れそうになるだろうし、無防備だと倒れてしまうだろう。それにテーブルに置いた物は0・08Gであっても軽いものなら遠心力で滑り落ちてしまうことも多い。

0・1Gでも問題はないが、0・08Gの半分の0・04G程度が理想だと思う。当初の特急電車や210㎞運転時の新幹線では、この遠心力0・04Gで設定している。「のぞみ」は0・08Gの遠心力のために乗り心地が悪いという評判がある。あえて0・1Gとするならば、クルマと同様に走行中のテーブル使用は禁止するか、滑らないような処置をする必要があり、また、壁はぶつかってもいいように柔らかい内装、いわゆるフルトリムにしたり、突起をなくしたりすることが必要だと思う。それでないとよろけたときに痛い思いをしてしまう。

350㎞でも0・08G以下になるように、今後の新幹線の最小曲線半径は6000mにすべきで、この区間だけは連続して350㎞運転を行う。既存区間では、4000mの曲線は330㎞に抑える必要があるが、これでは4時間を切ることはできないから、5度傾ける振り子式にする必要がある。これならば最大遠心力を0・04G程度に抑えられる。

しかし、振り子方式による車体傾斜は重心がカーブの外側に移動する。というのは車体の床面を遠心力によってカーブの外側に移動させて車体を傾斜させるからである。脱線する方向に向かうため危険なので高速運転をする新幹線での採用は無理だろうとされている。また基本的にコロの上に車体が乗っている構造なので車体と台車をつなぐ締結装置が緩みやすくてメンテナンスに手間と費用がかかる。また、床が左右に移動するために立ってるとよろけやすくなる。

日本のほとんどの振り子車両の傾斜角度は5度だが、JR北海道のキハ283系は振り子中心と主体重心を同じ位置にできるようにして6度に上げている。

イタリアなどで実用化している傾斜用ジャッキを台車に組み込んだ機械式車体傾斜方式は車体重心がカーブの内側に移動するので安全だが、傾斜機構が複雑で台車が非常に重くなることとジャッキ等が誤動作して反対側に傾斜する危険がある。

それでもイタリアの車体傾斜車両の傾斜角度は８度にしている。そして走行速度は３００㎞はできないことはないが、現実には誤動作時の安全性に配慮して２５０㎞に制限して運転されている。

とはいえ振り子方式は遠心力で車体を傾斜させるので、誤動作する心配はまったくない。ただし、遠心力が働いてから車体が傾くので振り遅れになってしまう。そこで振り子式であっても、先方にカーブがあるのを地上からの情報で検知してジャッキによって傾けるようにしている。このジャッキは単独で車体を傾ける力はなく、緩和曲線で徐々にかかる遠心力と合わせて傾けていくから乗り心地を損ねない。

これを制御振り子方式というが、やはりメンテナンスを入念にしなくてはならず、３５０㎞運転には不安が大きいとして採用しないどころか、在来線で現在でも新しい制御振り子車を導入し続けているのはＪＲ四国だけである。

機械式車体傾斜式には空気バネ伸縮方式もある。同方式も機械式と同様に車体重心がカーブの内側に移動するが、台車そのものに傾斜用ジャッキがなくて重量の増加は少ない。しかし、空気バネの伸縮量に限りがあるのと、空気バネに高い圧力の空気を送るために強力なコンプレッサーが必要である。このため４度程度が理論的限界、実用的限界は３度程度とされている。

機械式車体傾斜は制御振り子式と同様に、この先にカーブがあるかを検知して行われる。それでも誤動作してカーブの外側に傾く危険性も考えられるために、東海道新幹線のＮ７００系は１度、東北新幹線のＥ５、Ｅ６系等は１・５度、名古屋鉄道の空港特急ミュースカイやＪＲ北海道のキハ２６１系など在来線車両では２度に制限している。

北海道新幹線の特殊性

北海道新幹線が開通すると、問題なのは運賃・料金である。建設費を除外したとしても、これだけのパワーを持つ車両の直接動力費はばかにならない。航空機を超える運賃・料金になってしまえば、それほど利用されなくなってしまう。

これについては「人にやさしい鉄道研究会」の人は、北海道の特殊性で、解決とはいかないまでも、（直接営業費での）収支は黒字になるだろうと答えてくれた。

北海道の特殊性とは冬の天候のことである。航空機は雪や寒さで定時性を維持できないばかりか、欠航となることも多い。このため、冬季の観光需要は非常に少ない。北海道の旅館では夏場に1年分を稼いでしまうので、客室の1割くらいしか暖房設備を入れておらず、逆に夏場は涼しいので簡単なつくりの客室を本土の10倍くらいの数にしている。北海道新幹線ができると冬も観光客が来るから稼ぐことができ、遊ばせる客室が少なくなる。潜在需要は大きいはずである。

それに札幌から、東京だけでなく、函館や青森、仙台といった空港のある都市もやはり新幹線のほうが便利になり、航空機からシフトするはずである。札幌―新千歳空港間には快速「エアポート」が走りだして便利になったとはいえ、空港までのアクセス時間は札幌から36分で、やはり厄介である。東京や函館、青森の各空港から中心部までのアクセスも不便である。といっても運賃が航空機と同じというのはまずいし、4時間の所要時間では東京―札幌間のすべての利用者を新幹線にシフトさせることは無理である。

「3時間説」という経験則がある。これは、航空機がアクセスを含めて3時間で各都市を結ぶとき、鉄道が所要時間3時間となれば、[注15] 鉄道のシェアは約80%になる。鉄道が4時間であれば40%になるというものである。

鉄道の運賃が安くなれば、あるいは速くなればシェアは急速に増える。現在、東京―仙台間は2時間を切って1時間32分になっているが、こうなると100%になった。

注15：3時間説では30分速い2時間30分で結ぶようになると対航空機シェアは90%近くになる。まさしく東京―新大阪間の「のぞみ」の日中の所要時間は2時間30分または2時間27分、早朝深夜に走る最速は2時間22分である。フランスでは地球温暖化対策で、高速列車が各都市間を2時間30分以内で結んでいる場合、その都市間の空路を閉鎖する案が出ている。

経験値からもとづく新幹線の所要時間と対航空機シェアの関係

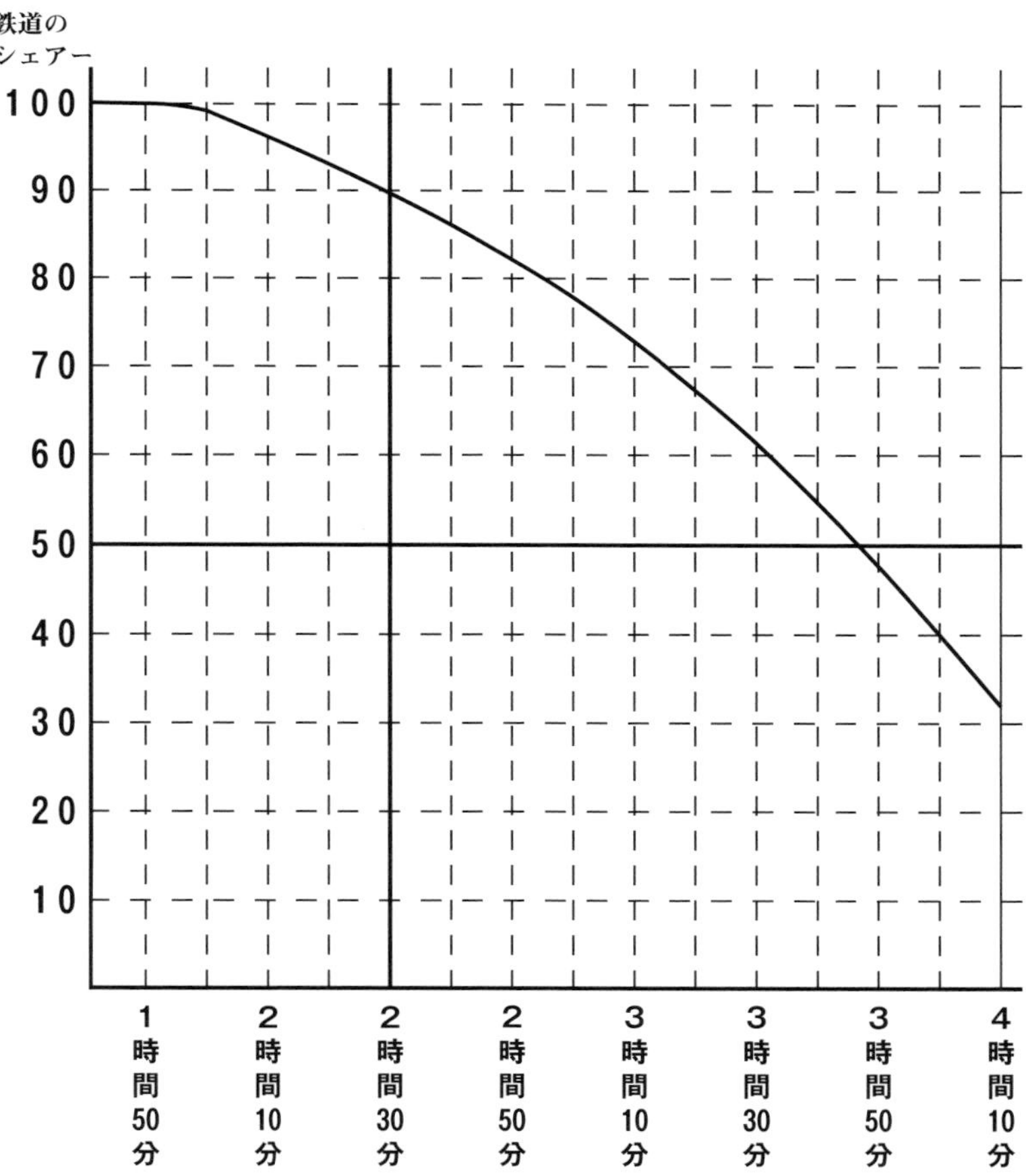

最初に2時間を切った、いわゆる「スーパーやまびこ」の登場で空路はなくなってしまった。反対に時間がかかったり、運賃が高くなったりすると急速にシェアは落ちこむ。東京―札幌間の昼行のシェアはゼロに近い。かろうじて夜行の「北斗星」が人気と宿泊場所がわりに使われていたため、5%を確保していたにすぎない。

北海道新幹線は東京―札幌間をほぼ4時間で結ぶから、「3時間説」ではシェアは40%だが、新千歳空港が札幌から遠いのと冬の需要、それに誘発効果を考慮すれば、それを超えるシェアとなり、黒字にすることはできるだろう。しかし、運賃が空路よりも高くなれば、シェアはぐっと落ちてしまう。少なくとも航空機と同じ運賃にする必要があり、できればいくぶん安くして、50%を超えるシェアを目指すべきである。ただし、省エネ技術の発展で、時速320km運転をするE5系などの電力消費量はかなり少なくなっている。このため360km運転をしたとしても、それを運賃・料金にオンするほどの心配は、今やほぼなくなっている。

なお、同研究会がこの時刻表を作成した動機は、拙著『日本「鉄道」改造論』（中央書院刊、絶版）に各整備新幹線の想定時刻表があったのに触発されて、とのことだった。『日本「鉄道」改造論』では運輸省案のミニ新幹線、スーパー特急方式での想定時刻表を載せたが、これをフル規格新幹線でやってみようとしたのが発端であったということである。

3~4時間で結べるかどうかが建設の境目

当初は北海道新幹線に懐疑的だった私も、取材の過程で徐々に「北海道新幹線をフル規格で建設しても悪くない」と考えるようになった。

これは、ほかに選択の余地がなく3時間説に合致する九州新幹線の博多―西鹿児島間や新大阪―西鹿児島間でもそうである。ただし、東京―西鹿児島間では全区間で350km運転をしても5時間くらいだから、3時間説からすると5%程度のシェアにしかならない。この区間では空路に分がある。

北陸新幹線は、大阪―富山間は在来線で3時間説に合致、東京―富山間も暫定整備の新幹線でも3時間説に合致するし、将来は在来線の160km運転と狭軌新幹線の開通で充分である。

東京―長野間は北陸新幹線ができる以前に合致している。逆に言えば本当にフル規格新幹線が必要だったのか疑問である。軽井沢駅までは非効率な急勾配区間の横川―軽井沢間があり、輸送力上も問題があったからフル規格新幹線でもいいが、軽井沢駅以遠はミニ新幹線でもよかったはずである。トンネルは坂城(さかき)付近に1カ所あるだけだから、在来線にフル規格の新幹線電車を走らすことも可能だった。

工事中(1996年時点)のミニ新幹線である秋田新幹線は東京―秋田間は4時間弱で計画している。4時間でシェアは40%(ただし、運賃設定は空路よりも安くなるから、もう少しシェアは拡大する)、収支は充分見合うが、空路を駆逐するほどではない。在来線区間でもっとスピードアップをして、さらに30分ほど速くしなければシェアを大きくできない(現在では最速「こまち」で3時間38分だが、朝の上り1本しかなく、大半は3時間50分前後)。

ミニ新幹線も捨てたものではない

東京―青森間に限っていえば、盛岡以北をミニ新幹線にしたとしても充分3時間説に合致する。在来線の160km運転が実現すれば、もっと効果は大きい。在来線に新幹線と同様なシステム信号保安を取り入れれば、時速200kmあるいは250kmで走ることも可能である。北海道新幹線にこだわらなければ青森駅までは在来線の新幹線化でいいし、予算がどうしても問題である現状(1996年時)では、とりあえず東北本線の新幹線化を行い早期実現を目指せばいい。

ところで在来線の160km運転がなかなか実現しないのは、現状では信号保安システムの問題につきる。最高速度から600mで停止しなければならない600m条項があるが、ブレーキシステムの変更でクリアしている。それに湖西線などでは現在130km運転をしているが、旧式の485系では600m条項をクリアできていない。しかし、踏切がないということで130km運転を特認されている。青函トンネル内での140km運転もそうである。

さらに160km運転では、当時の信号システムでは先行列車と安全距離を保つことができない。当時の信号段階（「停止」＝R、「注意」＝Y、「進行」＝G、それに信号間隔が短い都市部などで採用されている「警戒」＝YYと「減速」＝YGの計五つ）では無理なのである。もう一つ信号段階を加える必要があるが、それが整備されていないのである。

都市部を走る京浜急行は「抑速」（緑と黄色2灯表示の減速信号が点滅するもの）という新しい信号段階を運輸省から認可されて加えた。だが、これは進行信号と減速信号の間の信号であり、進行信号の最高速度は120kmである。進行信号より一つ上の信号、イギリスで採用されているGG信号（緑色2灯点灯）を加えることになるが、まだ160kmでの信号確認ができるかどうかの研究中の段階（当時）である。このため、既存の信号システムによるしかないので、160km運転可能な設備を持つ湖西線でも最高速度は130km、同じく北越急行（GG信号を設置ずみ）でも最高140kmとなっている。(注16)

カーブが多いミニ新幹線区間では、標準軌であり、使用車両もフル規格新幹線電車より幅が狭いために重心が低くなっており、カント量も高くとれるから、160km運転区間は従来の狭軌車両よりも多くなり、それだけスピードアップができる。東京―青森間で八戸以北をミニ新幹線にしても、新幹線区間で時速350km、在来線区間で160km運転すれば、3時間10分くらいになる。全線フル規格で2時間40分だから30分の差であり、充分実用的である。秋田新幹線でも東京―秋田間を3時間30分以内に

注16：北越急行は、平成14（2002）年160km運転を開始、GG信号の視認に問題ないことが確立して、成田スカイアクセス線もGG現示する信号機を設置して160km運転を実施。

することも可能である。

貨物列車への配慮が必要

青森県庁でもらった例の時刻表には、海峡部分の駅名に津軽今別、知内(しりうち)、新木古内とある。従来の計画では新青森の次は新函館である。これら三つの駅はあまり必要がないと思えるので、これはなぜかと聞くと、県の職員の答えは「津軽今別駅は一応用地が用意されており、新青森の次が新函館では駅間が長すぎるから」とのことである。

だが、私が想像するにこれらは、単に新幹線電車が停車する駅というよりも、在来線の貨物列車との関係でどうしても必要になるからだと思う。前述のように貨物列車は低速である。津軽今別駅の手前で在来線と新幹線は合流し、木古内駅手前で分岐するが、貨物列車が120km運転をしたとしても350kmの新幹線電車とは30分もの所要時間の差となる。

海峡線では貨物列車が結構走っており、運転本数は貨物列車のほうが多い。そこに新幹線電車が走るのだから、どこかで追い抜きが必要であり、それが津軽今別、知内(注17)ということである。この時刻表がそこまで考慮しているのは大したものである。

それでもまだ新幹線電車のダイヤに支障がでる。貨物列車の最高速度を160〜200kmに引き上げ、難しいかもしれないが竜飛海底駅、吉岡海底駅(注18)にある横取基地を利用して待避設備を設置していいのではないか。

注17：津軽今別駅は、北海道新幹線開業後は奥津軽いまべつ駅に改称して新幹線駅になった。知内駅は旅客駅から信号場に格下げのうえ、湯の里知内信号場となり、両停車場（信号場も停車場に含まれる）とも貨物待避線（貨物着発線）が設置されている。

注18：北海道新幹線開業後に竜飛海底駅は竜飛定点、吉岡海底駅は吉岡定点に改称

本州側の分岐点を見る

青森県庁の話では、津軽今別、加えて七戸にも新幹線用地を確保しているとのことなので、予定していた海峡線の在来線・新幹線の分岐点、それに新青森駅のほかに、津軽今別駅も調査することにした。七戸は単なる空地とのことなので、これは時間があれば行くことにした。

県庁をあとに青森西バイパス、国道280号バイパスを経て、海岸沿い、というよりも津軽線沿いに北上し、蟹田駅を過ぎて県道へ左折、中小国(なかおぐに)駅を過ぎてほどなくして新幹線・在来線分岐点に到達した。

木古内付近と同様に在来線が両側となり新幹線が中央を高速で通過する形態になっているが、在来線は東側の中小国駅からここまで高架のまま右に急カーブしているので、新幹線は在来線の下り函館方面行の線路をまたぐことになる。しかも、ここでは在来線と一体となった高架橋となるから、在来線下り線の交差部分の高架橋には新幹線と一体となる構造物が用意されている。

しかし、県道沿いからはよくわからない。もっと近寄ろうと小道に入ったが、手前にある津軽線の踏切はとてもクルマで通れそうもない。歩いて踏切を渡ると、合流点の先のトンネルの上にガードレールが見えた。

ということはクルマでそこまで行けるはずなので、県道に出て竜飛のほうへ向かった。途中津軽線の大平(おおだい)駅の先で竜飛方面へ右折すると、すぐにさらに右へ曲がる小道があった。こういう場合、これがトンネルへの小道であるというのは、それまでの経験からわかるので、地図にはないが右折した。

はたしてやはり分岐点に向かって進んでおり、すぐにたどり着いた。分岐点とぶつかるところは、なにかの資材を置いていた空地になっている。トンネルの上にも道はあったがとても普通のクルマでは行けそうもないので、ここにクルマを置いて、歩くことにした。

海峡線時代の知内駅は島式ホーム2面4線

現在の湯の里知内信号場を走る貨物列車。上下本線は3線軌だが、上下着発線各2線は狭軌線だけ

知内駅の跨線橋から青森方を見る。快速「海峡」号函館行が進入中。北海道新幹線開業後に配線変更が予定されているためバラスト軌道になっている

同・函館方を見る。通過する特急「白鳥」号函館行と停車中の快速「海峡」号。知内駅は青函トンネル内で列車火災が起こったとき、同駅まで走り切って消火するために消火設備が多数置かれている

吉岡海底駅

竜飛海底駅

クルマから降りると、かすかに列車の走行音らしきものが聞こえる。先ほどの踏切で降りたときもその音は聞こえていたが、相当時間が経っても列車は走ってこなかったから、海鳴りではないかと解釈していた。時刻表は重いので持ってこなかったから確認しようがなかったのである。

トンネルの上からは金網越しに分岐点と交差予定の高架橋が一望できる。その向こうを走ることになるであろう新幹線線路は、分岐点の先ではまだなにもない。ひとしきり見てから、クルマに戻ることにした。例の音はまだ聞こえている。

途中まで歩いたときに、急に音が大きくなり、はっきりと走行音であるのを認めたので、慌ててトンネルの上まで走ったが、結局、途中まで行ったときに通過してしまった。札幌行の快速「海峡」である。この付近から青森近くまで大きな山はないから、相当遠くを走っている走行音が聞こえていたのである。トンネルに入る「海峡」号を取り込んだ写真は撮れなかった。

くやしい思いをして再び降りていったが、まだトンネルから走行音が聞こえてくる。少し音色が違ってきたが、それを気にせず、もっと近くで立体交差予定の構築物を眺めることにしトンネルの反対側の空地の奥へ進んだ。すると走行音が再び大きくなってきた。「ああ、函館側からも列車が来たな」とわかったが、トンネルの上へ行くには遠すぎる。とりあえず線路の近くへ急いだが、これも結局うまく撮れなかった。

元来、私はこういった場合は、勘を働かせていい写真が撮れるのだが、今回だけは無理だった。新幹線と在来線が走る海峡線は今までとは勝手が違うというのが一つだが、今回は北海道だけでなくほかの鉄道などたくさんの取材でずっと長旅をしてきたこと、北海道・東北の両新幹線はフル規格新幹線のほうがいいかもしれないという考え方に変わってきたショック、北十勝線の取材でスピード違反したことなどで、勘が鈍ってしまったのであろう。

新幹線に備えた津軽今別駅設備

気をとりなおして北の津軽今別駅に向かう。青森のクルマも北海道に負けず劣らずスピードを出す。私は法定スピードを

大平（おおだい）トンネルの青森寄り坑口を出たところに青森側分岐点（共用区間始点）ができる予定である。海峡線の上下線が広がり、その間に新幹線の軌道と分岐ポイントが設置されるのでバラスト軌道になっている。坑口の上を横切っている道路は新幹線工事中は通行は不可だったが、開業後の現在は再び通れるようになっている

大平トンネルの坑口付近の上を横切っている道路から共用区間始点を見る。奥が青森方。右から左にカーブしている海峡線下り線の奥にある太い橋脚の上にさらに橋脚を加えて高くして、新幹線高架橋が越えるように準備している

青森側分岐点を南側から見る。左側の太い橋脚の上に新幹線の橋脚を加えてオーバークロスする

同、上下線間の間から青森方を見る

同、海峡線の上下線の間から北海道方を見る

トンネルの上にある道路から降りてクルマに乗ろうとしたときに通過するのを察知して慌てて撮った分岐点付近を通過する快速「海峡」函館行

順守せざるをえない。少なくとも3カ月はおとなしくしないと点数がゼロにならないからである。トラックに追いたてられ、あんちゃんの乗ったクルマに追いたてられるたびに道を譲った。

津軽今別駅は、いつも車窓から見ていたように、津軽線の津軽二股駅と併設され、海峡線から分岐して地上にある保守線と津軽線が並んでいる。津軽今別駅も津軽二股駅も当然無人駅、津軽今別駅のホームに上屋はなく小さな待合室がホームに併設されているだけである。しかし、駅前広場はたっぷりとってあり、人はいないが待合室やトイレなどの設備も充実している。上下ホームの両側も相当広くとってあり、新幹線タイプの駅にできるだけなく、数本の貨物着発線も設置できるようになっている。北海道新幹線ができると、ここで各駅停車タイプや貨物列車が速達タイプを待避することになるのだろう。

だが、駅からはどこにも民家が見えない。音もときおり近くの県道を走るクルマから聞こえるだけである。真冬にここに降りて列車が行ってしまうと、完全に音がしない世界になるという。それだけ人里離れたところだから、新幹線電車が停車しても、だれも降りる人がいないということ

津軽今別駅は相対式ホーム2面2線だが、線路増設ができるように幅広い盛土路盤が準備されている

津軽今別駅　新幹線規格で上下線間を広くとって内側に標準軌用のレールを設置して外軌共用の３線軌にできるようにしている。外軌共用ではフル規格新幹線電車が停車するためにはホームを91㎜外側に移動するだけですむ

津軽今別駅の周囲には新幹線用地が確保されている。車両火災時の消火基地を兼ねているので消火設備が多数置かれている

にもなろう。

しかし、それだけ未開発地ということは、冬季も利用できるリゾートとしては処女地でもあるわけである。

新青森よりも現青森発着をメインに

南下して、次は奥羽本線の新青森駅を訪れた。新青森駅は新幹線駅となることを見越して、昭和61年に、まず在来線に駅を開設したものである。

小さな駅前広場があり、その周囲は民家になっている。新幹線駅を設けるときには、用地買収で結構難航するだろう。奥羽本線のホームは片面ホーム、線路も単線1本である。駅前広場の反対側は結構空地があるから、ここは鉄道用地が確保されているようである。

ホームの駅前広場側には新幹線新青森駅のパースが描かれている。これを見ると、どうも相対式ホーム2面2線のようである。用地上からそうなったのだろうが、これでは新青森折返列車などはすぐに車両基地に引き上げないとならないから問題である。

駅を大きくするのは、このあたりは住宅地になっている

新青森駅のパース

当初の奥羽本線新青森駅は１面１線

東北新幹線八戸以北着工後、新青森駅のパース横に東京起点674K790mを示す標柱が日本鉄道建設公団によって設置された

から難しい。だから、新青森駅の先で右に折れる現青森駅への連絡線を設けて、青森折返電車を設定すればいい。そうなれば青森へ行く人は新青森駅で乗り換えなくてすみ便利である。

また、青森駅から北海道方面に行く場合も、現青森発着のほうが望ましい。その方向への連絡線をつくればこれも便利であり、新青森駅付近の再開発をして青森の新しい拠点にするのは大変だが、それにくらべて連絡線を建設するのは簡単で、用地もある。

つまり、新青森駅は東京—札幌間直通電車しか停まらないということだが、新大阪駅の例をみるとそのほうがいい。東海道・山陽新幹線でも、直通客以外は大阪駅発着のほうがなにかと便利なのである。

あるいは八戸—青森間の東北本線をミニ新幹線あるいはフル規格新幹線が走れるように改造して、青森行はすべて東北線経由にするのも手であり、この場合は新青森—青森間の連絡線の建設は不要になる。

なお、青森県庁でもらったのとは別の「人にやさしい鉄道研究会」の時刻表を見ると、青森—札幌間や東京—青森間を設定している。やはりそのほうが便利だからだという。この研究会はそこまで考えており、大したものである。ただし本書の時刻表はその後改良した時刻表なので、青森発着の記載はない。

八戸の地元はフル規格新幹線を待望

新青森駅をあとにして青森駅に戻り、特急で八戸駅へ向かった。新幹線の駅用地が確保してあるという七戸へ行こうかとも思ったが、睡眠不足のまま運転すれば事故を起こす危険性もあったし、野辺地駅で南部縦貫鉄道に乗り換えても到着は夕方になってしまうのであきらめた。新幹線七戸駅予定地はただの空地しかないそうだが、八戸駅は東北新幹線着工区間の終点だから、なにかしら準備がされているはずであろう。そちらを見たほうがよいと思ったのである。

さて八戸駅に到着した。新幹線ホームは駅の裏のはずだが、工事の気配さえない。駅員に聞いたが、新幹線ホームの位置さえ知らなかった。着工といっても難工事個所のトンネル以外はなにも手を付けていないのである。

今日の宿泊は三沢にしていたので、折り返しの下り電車の発車まで時間があるから、駅前を散策する。駅前に八戸地域地場産業振興センター・ユートリーという商工会館があり、「祝、新幹線フル規格着工」という掲示があったので、入ってみることにした。

商工会館の職員に新幹線のことを聞くと、さすがにいい返事をもらえた。

「この商工会館の３階が、完成した新幹線のコンコースにつながりますよ。３階の１部が屋上になっているのはそのためです」

やはり、新幹線を期待しているのは商工会館の人々であり、ＪＲの社員は日常の業務に忙しいのか、あまり興味がないようである。しかし、駅部分の工事がはじまると違ってくるだろう。

三沢の「フル規格新幹線反対」の理由

三沢に宿をとったのにはわけがある。三沢駅の盛岡方に

八戸の商工会館３階は新幹線のコンコースにつながるように準備されていた

古牧温泉があり、線路側に向けて「ミニ新幹線歓迎」と「フル規格新幹線反対」その他の看板があるのをいつも車窓から眺めていたので、一度ゆっくりと取材したかったのである。

取材は通常アポイントをとるのだが、どうすれば、あるいはだれにアポイントするかわからなかったので、突撃取材を敢行した。

旅館の敷地に入ると、料金表があり、結構安い。ここに泊まればよかったかと思ったが、もうリザーブしたあとだから、しかたがない。とりあえず事務所とおぼしきところに行き、仲居さんらしき女性にその旨を告げると、広報部長に取り次いでくれた。

いろいろ資料をいただいたあと、話のなかで私が「現在の東北線をミニ新幹線化したとしても１６０～２００㎞で走ることは可能だ」といったようなことを述べると、「それじゃ、フル規格新幹線は不要ですね」と言うので、

「北海道まで建設するならば必要かもしれないが、国の財政からして近い将来は無理でしょう。まずミニ新幹線化して、財源問題がうまくいった段階でフル規格新幹線を建設してもいい。とりあえずミニ新幹線が先です」

三沢駅盛岡寄り踏切にあった看板

と答えた。

すると「ちょっと待ってください」と中座し、戻ってくると「社長がぜひお会いしたいから、どうぞこちらへ」とのことである。青森県庁で、「(フル規格新幹線に)反対しているのは、この温泉のおやじだけ」と聞いていたから、どんな人かと興味があったので、絶好の機会である。

社長氏とも同様な会話をし、結構興味ある話をしたが、大変魅力のある人であった。そして、意見書の類に目を通すと、私の名とその著書『どうなる新線計画・東日本編(旧版)』(産調出版刊)からの引用があるではないか。私も驚いたが、それを告げるとあちらも驚いたようであった。長い取材のためずいぶんラフな格好だったから、向こうもまさかその本人とは思わなかったようである。

この意見書を書いたのは社長自身ではなくて、かなり鉄道の好きな社員らしかったが、あいにく法事で不在とのことだった。いればもう少しおもしろい話も聞けただろうから残念であった。意見書には私の持論である〝線形改良によって在来線にフル規格新幹線が走れるようにせよ〟というのも出ていたが、より具体的だったからである。

社長の話は「フル規格新幹線は八戸駅を出ると、ほとん

三沢―向山間の東北本線から見える山の上に置かれていた看板には東北新幹線歓迎と掲げているものの、その下に青森―浅虫―のへじ―三沢―八戸と暗にミニ新幹線であることも書かれている

八戸
三沢
青森
東北新幹線歓迎
古牧温泉渋沢公園
工事の現況と見通し
(1)山形 新幹線運行中
(2)秋田 新幹線工事中
(3)北海道・スーパー特急に決定

古牧温泉の東北本線に向いていろいろと書かれていた看板

どトンネルで七戸を抜け、さらに八甲田山もトンネルで貫通する。山の質からいって難しいし、観光立県の青森を走る新幹線なのに景色が見えないのでは意味がない。三沢、野辺地、浅虫温泉経由のほうがいいし、青森も現在のところのほうが便利だ」ということで、それはそれで正論でもあり興味ある話だったが、県知事や県政についての話は完全に政治的なもので、あまり好きでない話である。

夕方だったので「今日はどこに泊まるのか」と聞かれた。三沢市内にとっていると告げると、「キャンセルしてうちに泊まれば」と言われたが、泊まれば通常の客以上に歓待してもらうことになるだろうし、堅苦しいのは性にあわないので辞退させてもらった。

この日は米軍三沢基地ゲート近くのホテルに投宿した。駅から結構離れていたが、やはり自由なほうがいい。

まだなにもない二戸・沼宮内

翌朝、三沢発7時13分の「はつかり」に飛び乗った。八戸駅と同様、二戸の新幹線駅がどうなっているか見たくて、二戸駅へ向かったのである。

厨川駅付近で途絶えていた新幹線高架橋。青森県のポスターもここで撮影したものを組み入れている

車内で特急券を買おうとしたが、八戸駅を過ぎても車掌がまわってこない。乗車券は札幌駅からの通しなので駅で特急券だけを精算すると揉める可能性もある。そういうのは嫌なので、車掌室まで行ったがいない。気をもんだが、三戸駅を出てからようやくやってきて精算をすませた。

いつもの習慣で、切符はそのままもらおうと思っていた。ところが二戸の駅員は、頑としてくれない。いつもこころよく無効印を押してもらって入手できるが、どういうわけかJR東日本の駅ではくれないことが多い。集札が原則だから、こういうことはひんしゅくものという人もいるが、たいがいは、言えば好意的にもらえるのである（今は私鉄を含めてほぼどの駅でももらえるようになっている）。

ともあれ、二戸駅に降りたが、新幹線建設中の看板はあるものの、工事などはさっぱりしていない。八戸駅と同様である。さっき嫌味たらしく車内発行の特急券を取り上げたのとは別の駅員に聞くと、駅の裏がそうだという。詳しく知りたければ市の出張所へ行けばいいと教えられたが、まだ朝早いから開いていない。この先の予定もあるから諦め、次の「はつかり」に乗った。

沼宮内駅も新幹線の駅ができるが、「はつかり」は通過

同・国道4号から見る

二戸駅　左の看板のところ（西側）が新幹線ホームになる

二戸駅の看板。車両はE2系が描かれている

岩手トンネル一戸工区の鉄道建設公団の看板（右）と期成同盟会の看板（左）。鉄道建設公団の看板には200系と思しき車両が描かれている。期成同盟会では「フル規格で」と「東北本線廃止反対」が書かれていたが、第３セクターで存続が決まったために「反対」の文字消されている

沼宮内付近の看板

するから降りられない。しかし、沼宮内駅には以前にクルマで行っており、そのときも何も着工されていなかったのを確認していた。もし車窓から工事をしているのが見えれば、盛岡駅から引き返そうと考えていたが、案の定、未着工であった。

だが、以前よりも「新幹線は青森までフル規格に」という看板が沿線に多く立っている。岩手県内はすべてフル規格新幹線で着工されているから、別にこだわる必要がないのになぜだろう。そこで、沼宮内駅へ戻らずにすんだこともあって、盛岡の県庁を訪ねることにした。

盛岡駅の北側には東北新幹線の車両基地（現盛岡新幹線車両センター）があり、そこまで将来は本線になる回送線がある。回送線は車両基地につながっているが、新幹線の高架路盤自体は車両基地に並行して伸びている。そして厨川（くりやがわ）駅の手前の車両基地の北端あたりで途切れている。ずっと以前、厨川に用があったときに、そのむなしく途切れた高架橋を見ていて、『どうなる新線鉄道計画』（旧版）では、ここの写真を掲載した。その後しばらくして、営団地下鉄（現東京メトロ）の丸ノ内線の国会議事堂前駅の電照式広告板に、そっくりの位置で撮った写真が掲げられていて、びっくりしたものである。設置したのは青森県で、新幹線の青森までのフル規格化を要請するものである。「ああ、真似されたな」とは思ったが、青森県のフル規格新幹線に対する思いは相当なものだと驚いたことであった。

のんびり構えた印象の岩手県庁

そんなことを思いだしているうちに盛岡駅に到着して、岩手県庁の交通整備課を訪ねた。

フル規格の看板については「青森県や北海道とのつきあいもあるから」ということでお茶を濁されたが、青森県や北海道の熱意とくらべると、こちらはのんきなもので、

「着工して5年経ちましたが、進捗率はまだ15％です。着工から開通までの期間は10年だというけれども、あと5年たったところで単純に計算すれば30％ですから、10年は無理かな」

と言うのである。

「もっとも、この5年間は北陸新幹線高崎―長野間に予算を集中していたから、次の5年はもっと進捗率は高くなるだろうが、それでも10年で開通できるかは疑問だ」とも付け加えた。沼宮内、二戸は岩手県内の駅だから、もっとあせってもいいように思えるが、やはり県庁所在地の盛岡まで通じているため鷹揚に構えているようである。

話は開通後の在来線についてとなったが、第三セクター鉄道になる盛岡―八戸間の輸送密度を４０００人と試算しているという。「４０００人もあれば経営は成り立つから安心ですね」と言うと、これも「まあ」という返事で、あまり悲観はしていなかった。長野の軽井沢―篠ノ井間（第三セクター「しなの鉄道」に分離予定）では７０００人を想定しているらしいから、これにくらべるときびしいことはきびしい。しかし、それでも好摩駅から盛岡駅まではＪＲ花輪線の列車が乗り入れてくるので、その乗客の収入も期待できるようで、なんとかいけるだろうとのことである。また、貨物列車は第三セクター鉄道を通ることになるが、現在よりも高い線路使用料にさせてもらうという考えでもあった。

こうなるとＪＲ貨物は一層きびしい経営環境になるだろう。この先、八戸以北も第三セクター鉄道になってしまうと、ＪＲ貨物はやっていけなくなる恐れもないとはいえない。新幹線に貨物列車を走らせることも必要であろう。つまり、東海道新幹線で当初考えられていた高速の貨物列車を開発しなくてはならないが、そのときには最高速度は２００㎞（東海道新幹線計画時は１６０㎞）にすべきである。

その際には、在来線との貨物の直通問題も解決しなくてはならない。コンテナ式にして積み換えてもいいが、せっかく速く走るのに、そんなことをしていてはなんにもならない。東海道新幹線で貨物輸送をあきらめた理由の一つがこれである。他の大きな理由は、夜間は保線の時間としたので、夜間に貨物列車を走らせることができなくなったためである。東北新幹線は仙台以北では列車密度はそれほど高くないから昼間に貨物列車を走らせることもできるだろう。だから、在来線からの直通を考える必要がある。

直通させる方法は、在来線に標準軌を併設する方法、逆にフル規格新幹線に狭軌を併設する方法があるが、もう一つ、貨車そのものを標準軌・狭軌両方走れるようにする方法がある。これは旅客電車でも考えられていることだが、３５０㎞という高速で走り、なおかつ車軸を延ばしたり縮めたりするのはなかなか難しい。しかし、貨車は動力車（モーター付車両）でない限り、充分可能であり、事実スペインのタルゴトレインの客車は動力車、つまり機関車を付け替えることで、もう30年以上も前から実用化している。

岩手県庁を辞し、工事中の秋田新幹線を見て、仙台駅に寄ってから帰宅した。仙台駅まで来ると、車窓や駅前でそれまで何度も目にした新幹線建設促進の看板は見られなくなった。こういう看板も最初は結構興味津々で見ていたが、札幌駅から何度も見ていると、うんざりしてしまう。どの看板の絵もコピーも似たりよったりである。念願の新幹線という気持ちはわかるが、それは県や道とその関係者だけがやっているように思えるところがあり、今一つアピールしない。思いきって「東京―札幌間3時間41分で結べるぞ」というようなものにしなければ、誰も注目しないだろう。

盛岡―札幌間の建設方法

八戸駅から札幌駅までは、一度に開通させる方法が一番いい。北海道新幹線は他の新幹線にくらべると沿線人口が少なく、函館を過ぎると大きな都市は小樽、札幌までない。これでは部分開業しても、それこそローカル新幹線になってしまうからである。しかし、八戸―札幌間を一度に開通させることは建設予算を潤沢に使えての話で、この当時の状況では無理がある。ただし、民間を参加させてその資金を使えば可能であるが。

結局は部分開業しかない。盛岡―八戸間はフル規格新幹線に変更して着工されている。しかし、当初は沼宮内―八戸間だけ建設することにし、同区間を10年間で完成させる予定で、平成13（２００１）年の開通とされていた。これに盛岡―沼宮内間が加わったから、他の整備新幹線がらみで考えると平成13年は無理、18年ごろの開業と予想される。

これでは時間がかかりすぎる。だから、とりあえず先行着工区間の沼宮内―八戸間を完成させ、狭軌・標準軌併用の枕木を敷いて狭軌線のレールだけ設ける。そしてスーパー特急を走らせ、フル規格新線内は200km、在来線内は160km運転を行う。

次に盛岡—沼宮内間が完成すれば八戸駅まで全線フル規格とするが、沼宮内—八戸間の狭軌線は残して貨物列車が走れるようにする。さらに八戸—青森間の東北本線を狭軌併用のミニ新幹線とし、ミニ新幹線電車によって青森までとりあえずの完成とする。

この間、八戸—新青森間と北海道新幹線青森—函館間を着工する。函館側は新函館駅ではなく、木古内駅から上磯付近まで建設、そこから江差線上磯駅までの連絡線を設けて、函館に向かう線路をつくる。同様に青森から北海道新幹線への連絡線もつくる。また北海道側も室蘭・千歳線の東室蘭—札幌間の新幹線化を着工、函館—東室蘭間の電化工事を行う。走る列車は狭軌特急だが、250km運転を行う。

次は函館までのフル規格新幹線の開通となる。このとき青森県内は函館行の主に速達列車がフル規格新幹線に、主要駅停車タイプが東北本線に走ることにする。そして青森—函館間にも新幹線電車を走らせる。これでフェリーに充分対抗できる。また、一部は東北本線経由で函館に走る列車も設定する。

この開通時には木古内—森（森は北海道新幹線のルートからはずれているから、途中からは在来線連絡線となる）間のフル規格新幹線と、森—東室蘭間のミニ新幹線化を行う。ミニ新幹線区間でも250km程度で走らせることは可能であり、この区間は直線が多いからそれだけ250kmで走る時間も長くなる。

これが開通すると、ミニ新幹線ではあるが東京—札幌間に新幹線電車が走ることになり、所要時間は5時間程度になろう。ミニ新幹線電車といってもそれだけの実力はあるのである。

そして最終仕上げは森—札幌間の新幹線建設である。これで、3時間41分で走ることができる。段階を経ると、無駄が多くなるという意見があるが、そうでもない。最初の段階で走る盛岡—青森間のスーパー特急車両は、たとえば新潟—秋田間や六日町—金沢間などの特急に転用できる。それでなくても現在盛岡—青森間を走る特急車両はリニューアルしたとはいえ国鉄設計の485系という陳腐な車両である。取り替えが必要であり、今取り替えたとしても10年以上は走る。

フル規格新幹線区間が開通しても、ミニ新幹線区間への直通電車を走らせることも必要である。ちょうど秋田新幹線や山形新幹線がそうであるように。狭軌併用のフル規格新幹線区間も貨物列車や夜行列車が走ることができて便利である。つまり、北海道新幹線が通らない青森、函館、森、苫小牧、室蘭や東北本線八戸―青森間にも直通新幹線電車を走らせることができるのである。こうでないと有機的な鉄道網とはいえない。

一番危惧されるのは、ある段階で、もうこれでいいから全区間をフル規格新幹線にする必要がないという意見が出て、凍結されてしまうことである。

それはありうるかもしれない。しかし、3時間説からすると最終的には全線フル規格にすべきであり、徐々に延ばしていけば、さらに所要時間を短くせよという要求は出るはずである。完全に凍結論が認められるのは、新幹線の上をいく交通機関が現れた場合で、それはリニアモーターカーの実用化だが、これを再び札幌から西鹿児島までつくるには無理がある。それでもリニアが上だというのならば、新幹線をリニア化してしまえばいい。

曲線半径4000mにおいてもリニアは側壁で車体を支持するから、カント（138頁、注：20参照）を350㎜（標準軌換算）あるいはそれ以上にしても転覆することはない。つまり、半径4000mでも400㎞は出せることになる。問題は、現在実験走行し実用化仕様となる山梨実験線の試作車両が在来線と同じ狭い幅の車体になっているので、輸送力不足になることである。

だから、リニア化する場合は東京―仙台間くらいは別途リニア用の路線を建設しなければならないだろう。こういう方法でリニアが走れば東京―札幌間は2時間30分程度となろうが、これもかなりの費用であり、実現はかなりの時間を要する。

最終目標をこれに置くとしても、段階的に建設してその都度速くするほうが、現実的である。一度に建設するのは難しいからである。

だが、実はもう一つやり方がある。単線で八戸以北を一度につくる方法である。列車密度が低く、新幹線は速いから単線でも当初は充分やっていける。その後、誘発効果で単線では無理となったときに複線化すればいい。このときは財源云々はもう出ないはずである。ただし、単線だから建設費は半分になるというものではなく、7割程度への圧縮にすぎないし、あとで複線化するとなると、当初から複線でつくるよりも費用はかかる。

ともあれ「子孫のためにいい交通機関をつくるのは、我々の使命である」という意見があるが、今の制度では逆に「子孫に多大な借金を残す」ということでもある。

一度につくるためには民間資金の導入しかないが、国もＪＲもこのことに対してはいいとは思っていない。自治体や民間はそれでもいいと思っているはずである。そうはいっても現実にはＪＲが運営するという法律がある。その限りにおいては段階的につくるか、もう少し費用を出して単線で一気に造るしかないのである。

なお、「人にやさしい鉄道研究会」のご厚意により、同会が作成した東北・北海道新幹線の時刻表を次ページより掲載させていただいた。東京―札幌間最短3時間41分とあるが、これは東京発最終20時18分の全区間ノンストップの「おおぞら87号」だけである。これだけが速いのは、東海道新幹線の最終の時間帯に走る「のぞみ」が新横浜に停車（１９９６年時点）しても所要時間が2分しか延びていないのと同様に、この電車だけが余裕時間を切り詰めて走る方式をとったものである。

ただし問題点として、ＪＲ東日本とＪＲ北海道の運転士の交代ができないこと、１人の運転士が長時間にわたって運転し続けないといけないことが挙げられる。

200X年——全線フル規格開業時 **想定時刻表**

北海道・東北新幹線

札幌方面

企画・制作／人にやさしい鉄道研究会　1994.9

北海道・東北新幹線全線フル開業！
常識を破る東京～札幌3時間41分！

ＪＲ東日本・ＪＲ北海道　非監修

東京からの営業キロ	列車名		ニセコ 701号	ニセコ 703号	北斗 181号	海峡 601号	ニセコ 705号	あおば 501号	北斗 183号	海峡 603号	ニセコ 707号	あおば 503号	海峡 605号	あおば 505号	あおば 507号	北斗・たざわ 185号	海峡 607号	あおば 509号	あおば 511号	おおぞら1号
	季節・臨時		◆			◆						◆	◆		◆					
	行先		札幌	札幌	札幌	新函館	札幌	新青森	札幌	新函館	札幌	新青森	新函館	新青森	仙台	札幌・秋田	新函館	新青森	仙台	札幌
0.0	東京	発	…	…	…	…	…	…	…	…	…	…	…	…	…	…	…	…	…	600
3.6	上野	着	…	…	…	…	…	…	…	…	…	…	…	…	…	…	…	…	…	レ
3.6	上野	発	…	…	…	…	…	…	…	…	…	…	…	…	…	…	…	…	…	レ
30.3	大宮	着	…	…	…	…	…	…	…	…	…	…	…	…	…	…	…	…	…	レ
30.3	大宮	発	…	…	…	…	…	…	…	…	…	…	…	…	…	…	…	…	…	レ
80.6	小山	〃	…	…	…	…	…	…	…	…	…	…	…	…	…	…	…	…	…	レ
109.5	宇都宮	着	…	…	…	…	…	…	…	…	…	…	…	…	…	…	…	…	…	レ
109.5	宇都宮	発	…	…	…	…	…	…	…	…	…	…	…	…	…	…	…	…	…	レ
157.8	那須塩原	〃	…	…	…	…	…	…	…	…	…	…	…	…	…	…	…	…	612	レ
185.4	新白河	〃	…	…	…	…	…	…	…	…	…	…	…	…	…	…	…	…	623	レ
226.7	郡山	着	…	…	…	…	…	…	…	…	…	…	…	…	…	…	…	…	635	レ
226.7	郡山	発	…	…	…	…	…	…	…	…	…	…	…	…	606	…	…	…	636	レ
272.8	福島	着	…	…	…	…	…	…	…	…	…	…	…	…	619	…	…	…	649	レ
272.8	福島	発	…	…	…	…	…	…	…	…	…	…	…	…	620	…	…	…	650	レ
312.9	米沢	〃	…	…	…	…	…	…	…	…	…	…	…	…	‖	…	…	…	‖	‖
359.9	山形	着	…	…	…	…	…	…	…	…	…	…	…	…	‖	…	…	…	‖	‖
306.8	白石蔵王	発	…	…	…	…	…	…	…	…	…	…	…	…	632	…	…	…	702	レ
351.8	仙台	着	…	…	…	…	…	…	…	…	…	…	…	…	647	…	…	…	717	720
351.8	仙台	発	…	…	…	…	…	…	601	…	…	…	…	612	…	651	…	704	…	721
395.0	古川	〃	…	…	…	…	…	…	レ	…	…	…	…	624	…	レ	…	716	…	レ
416.2	くりこま高原	〃	…	…	…	…	…	…	レ	…	…	…	…	634	…	レ	…	726	…	レ
445.1	一ノ関	〃	…	…	…	…	…	…	レ	…	…	…	…	644	…	レ	…	739	…	レ
470.1	水沢江刺	〃	…	…	…	…	…	…	レ	…	…	…	…	655	…	レ	…	750	…	レ
487.5	北上	〃	…	…	…	…	…	…	レ	…	…	…	…	705	…	レ	…	800	…	レ
500.0	新花巻	〃	…	…	…	…	…	…	レ	…	…	…	…	714	…	レ	…	809	…	レ
535.3	盛岡	着	…	…	…	…	…	…	636	…	…	…	…	723	…	726	…	818	…	レ
535.3	盛岡	発	…	…	…	…	…	610	637	…	…	640	…	730	…	727	…	836	…	レ
662.6	秋田	着	…	…	…	…	…	‖	‖	…	…	‖	…	‖	…	901	…	‖	…	‖
567.3	沼宮内	〃	…	…	…	…	…	623	レ	…	…	653	…	743	…	レ	…	849	…	レ
606.1	二戸	〃	…	…	…	…	…	636	レ	…	…	706	…	756	…	レ	…	902	…	レ
643.2	八戸	〃	…	…	…	…	…	648	レ	…	…	718	…	808	…	753	…	918	…	レ
694.6	七戸	〃	…	…	…	…	…	702	レ	…	…	732	…	825	…	レ	…	931	…	レ
739.2	新青森	着	…	…	…	…	…	716	719	…	…	746	…	839	…	815	…	946	…	レ
739.2	新青森	発	…	…	616	631	…	…	720	725	…	…	752	…	…	816	819	…	…	レ
783.6	津軽今別	〃	…	…	レ	646	…	…	レ	740	…	…	807	…	…	レ	834	…	…	レ
846.6	知内	〃	…	…	レ	704	…	…	レ	758	…	…	825	…	…	レ	855	…	…	レ
858.4	新木古内	〃	…	…	レ	712	…	…	レ	806	…	…	833	…	…	レ	903	…	…	レ
896.2	新函館	着	…	…	650	723	…	…	754	817	…	…	844	…	…	850	914	…	…	レ
896.2	新函館	発	…	619	651	…	…	…	755	…	758	…	…	…	…	851	…	…	…	レ
942.3	新森	〃	…	630	レ	…	…	…	レ	…	809	…	…	…	…	レ	…	…	…	レ
973.9	新八雲	〃	…	642	レ	…	…	…	レ	…	821	…	…	…	…	レ	…	…	…	レ
1005.1	長万部	〃	…	653	レ	…	…	…	レ	…	832	…	…	…	…	レ	…	…	…	レ
1072.4	ニセコ高原	着	…	707	721	…	…	…	レ	…	846	…	…	…	…	レ	…	…	…	レ
1072.4	ニセコ高原	発	638	708	722	…	743	…	レ	…	847	…	…	…	…	レ	…	…	…	レ
1086.1	倶知安	〃	646	716	レ	…	751	…	レ	…	855	…	…	…	…	レ	…	…	…	レ
1145.3	新小樽	〃	700	730	738	…	805	…	レ	…	909	…	…	…	…	レ	…	…	…	レ
1179.1	札幌	着	711	741	749	…	816	…	841	…	920	…	…	…	…	937	…	…	…	945

列車名	はつかり301号	ニセコ709号	あおば401号	北斗・たざわ101号	海峡609号	おおぞら3号	ニセコ711号	はつかり201号	あおば403号	つばさ351号	おおぞら5号	やまびこ303号	あおば405号	おおぞら7号	北斗・たざわ103号	海峡611号	ニセコ713号	おおぞら9号	はつかり203号	あおば407号
季節・臨時					◆	◆			◆								◆			◆
行先	新青森	札幌	仙台	札幌 秋田	新函館	札幌	札幌	新青森	仙台	山形	札幌	盛岡	仙台	札幌	札幌 秋田	新函館	札幌	札幌	新青森	仙台
東京 発	603	…	612	624	…	630	…	633	642	648	700	703	712	718	724	…	…	730	733	742
上野 着	607	…	616	レ	…	レ	…	637	646	652	レ	707	716	レ	レ	…	…	レ	737	746
上野 発	608	…	617	レ	…	レ	…	638	647	653	レ	708	717	レ	レ	…	…	レ	738	747
大宮 着	623	…	635	641	…	レ	…	653	702	708	レ	723	732	レ	741	…	…	レ	753	802
大宮 発	624	…	636	642	…	レ	…	654	703	709	レ	724	736	レ	742	…	…	レ	754	803
小山 〃	レ	…	700	レ	…	レ	…	レ	730	レ	レ	レ	800	レ	レ	…	…	レ	レ	830
宇都宮 着	645	…	710	レ	…	レ	…	715	740	730	レ	745	810	レ	レ	…	…	レ	815	840
宇都宮 発	646	…	711	レ	…	レ	…	716	741	735	レ	746	811	レ	レ	…	…	レ	816	841
那須塩原 〃	レ	…	728	レ	…	レ	…	レ	801	レ	レ	レ	828	レ	レ	…	…	レ	レ	901
新白河 〃	レ	…	739	レ	…	レ	…	レ	818	レ	レ	レ	839	レ	レ	…	…	レ	レ	918
郡山 着	711	…	751	レ	…	レ	…	741	830	800	レ	811	851	レ	823	…	…	レ	841	930
郡山 発	712	…	755	レ	…	レ	…	742	831	801	レ	815	858	レ	827	…	…	レ	842	931
福島 着	725	…	808	731	…	レ	…	755	844	814	レ	828	911	レ	レ	…	…	レ	855	944
福島 発	726	…	809	735	…	レ	…	756	845	815	レ	829	912	レ	レ	…	…	レ	856	945
米沢 〃	‖	…	‖	‖	…	‖	…	‖	‖	847	‖	‖	‖	‖	‖	…	…	‖	‖	‖
山形 着	‖	…	‖	‖	…	‖	…	‖	‖	920	‖	‖	‖	‖	‖	…	…	‖	‖	‖
白石蔵王 発	レ	…	821	レ	…	レ	…	レ	857	…	レ	レ	930	レ	レ	…	…	レ	レ	957
仙台 着	747	…	836	756	…	レ	…	817	912	…	820	850	944	レ	856	…	…	853	917	1012
仙台 発	800	…	…	757	…	レ	…	818	…	…	821	900	…	レ	857	…	…	854	918	…
古川 〃	812	…	…	レ	…	レ	…	レ	…	…	レ	912	…	レ	レ	…	…	レ	レ	…
くりこま高原 〃	822	…	…	レ	…	レ	…	レ	…	…	レ	922	…	レ	レ	…	…	レ	レ	…
一ノ関 〃	839	…	…	レ	…	レ	…	レ	…	…	レ	942	…	レ	レ	…	…	レ	レ	…
水沢江刺 〃	850	…	…	レ	…	レ	…	レ	…	…	レ	953	…	レ	レ	…	…	レ	レ	…
北上 〃	904	…	…	レ	…	レ	…	レ	…	…	レ	1006	…	レ	レ	…	…	レ	レ	…
新花巻 〃	913	…	…	レ	…	レ	…	レ	…	…	レ	1015	…	レ	レ	…	…	レ	レ	…
盛岡 着	923	…	…	832	…	レ	…	853	…	…	レ	1024	…	レ	932	…	…	レ	953	…
盛岡 発	936	…	…	833	…	レ	…	857	…	…	レ	…	…	レ	933	…	…	レ	1000	…
秋田 着	‖	…	…	1007	…	‖	…	‖	…	…	‖	…	…	‖	1107	…	…	‖	‖	…
沼宮内 〃	949	…	…	レ	…	レ	…	910	…	…	レ	…	…	レ	レ	…	…	レ	1013	…
二戸 〃	1002	…	…	レ	…	レ	…	928	…	…	レ	…	…	レ	レ	…	…	レ	1029	…
八戸 〃	1021	…	…	レ	…	レ	…	940	…	…	レ	…	…	レ	959	…	…	レ	1041	…
七戸 〃	1034	…	…	レ	…	レ	…	958	…	…	レ	…	…	レ	レ	…	…	レ	1055	…
新青森 着	1049	…	…	915	…	レ	…	1012	…	…	レ	…	…	レ	1021	…	…	1008	1109	…
新青森 発	…	…	…	916	935	レ	…	…	…	…	レ	…	…	レ	1022	1025	…	1009	…	…
津軽今別 〃	…	…	…	レ	954	レ	…	…	…	…	レ	…	…	レ	レ	1046	…	レ	…	…
知内 〃	…	…	…	レ	1012	レ	…	…	…	…	レ	…	…	レ	レ	1103	…	レ	…	…
新木古内 〃	…	…	…	レ	1020	レ	…	…	…	…	レ	…	…	レ	レ	1115	…	レ	…	…
新函館 着	…	…	…	950	1031	933	…	…	…	…	1005	…	…	レ	1056	1127	…	レ	…	…
新函館 発	…	…	…	951	…	934	946	…	…	…	1006	…	…	レ	1057	…	…	レ	…	…
新森 〃	…	…	…	レ	…	レ	1000	…	…	…	レ	…	…	レ	レ	…	…	レ	…	…
新八雲 〃	…	…	…	レ	…	レ	1012	…	…	…	レ	…	…	レ	レ	…	…	レ	…	…
長万部 〃	…	…	…	レ	…	レ	1026	…	…	…	レ	…	…	レ	レ	…	…	レ	…	…
ニセコ高原 着	…	…	…	1021	…	レ	1040	…	…	…	レ	…	…	レ	レ	…	…	レ	…	…
ニセコ高原 発	…	943	…	1022	…	レ	1045	…	…	…	レ	…	…	レ	レ	…	1111	レ	…	…
倶知安 〃	…	951	…	レ	…	レ	1053	…	…	…	レ	…	…	レ	レ	…	1119	レ	…	…
新小樽 〃	…	1005	…	レ	…	レ	1107	…	…	…	レ	…	…	レ	レ	…	1139	レ	…	…
札幌 着	…	1016	…	1043	…	1019	1118	…	…	…	1052	…	…	1101	1143	…	1150	1124	…	…

列車名	はつかり・つばさ353号	おおぞら11号	おおぞら13号	ニセコ715号	やまびこ305号	あおば409号	おおぞら15号	北斗・つばさ105号	海峡613号	おおぞら・たざわ17号	はつかり205号	やまびこ381号	あおば411号	やまびこ・つばさ355号	おおぞら19号	あおば413号	おおぞら21号	やまびこ307号
季節・臨時									◆			◆	◆			◆		
行先	新青森 山形	札幌	札幌	札幌	盛岡	仙台	札幌	札幌 山形	新函館	札幌 秋田	新青森	仙台	仙台	盛岡 山形	札幌	仙台	札幌	盛岡
東京 発	748	754	800	…	803	812	818	824	…	830	833	836	842	848	854	857	900	903
上野 着	752	レ	レ	…	807	816	レ	レ	…	レ	837	840	846	852	レ	901	レ	907
上野 発	753	レ	レ	…	808	817	レ	レ	…	レ	838	841	847	853	レ	904	レ	908
大宮 着	808	811	レ	…	823	832	レ	841	…	レ	853	856	902	908	911	919	レ	923
大宮 発	809	812	レ	…	824	836	レ	842	…	レ	854	857	903	909	912	920	レ	924
小山 〃	レ	レ	レ	…	レ	900	レ	レ	…	レ	レ	レ	930	レ	レ	939	レ	レ
宇都宮 着	830	レ	レ	…	845	910	レ	レ	…	レ	915	918	940	930	レ	949	レ	945
宇都宮 発	837	レ	レ	…	846	911	レ	レ	…	レ	916	919	941	937	レ	953	レ	946
那須塩原 〃	レ	レ	レ	…	レ	931	レ	レ	…	レ	レ	レ	1001	レ	レ	1013	レ	レ
新白河 〃	レ	レ	レ	…	レ	954	レ	レ	…	レ	レ	レ	1018	レ	レ	1033	レ	レ
郡山 着	902	レ	レ	…	911	1006	レ	レ	…	レ	941	944	1030	1002	レ	1045	レ	1011
郡山 発	903	レ	レ	…	915	1007	レ	レ	…	レ	942	945	1031	1003	レ	1046	レ	1015
福島 着	916	レ	レ	…	928	1020	レ	931	…	レ	955	958	1044	1016	レ	1059	レ	1028
福島 発	917	レ	レ	…	929	1024	レ	935	…	レ	956	1005	1045	1017	レ	1103	レ	1029
米沢 〃	951	‖	‖	…	‖	‖	‖	レ	…	‖	‖	‖	‖	1051	‖	‖	‖	‖
山形 着	1024	‖	‖	…	‖	‖	‖	1037	…	‖	‖	‖	‖	1124	‖	‖	‖	‖
白石蔵王 発	レ	レ	レ	…	レ	1045	レ	レ	…	レ	レ	1017	1109	レ	レ	1115	レ	レ
仙台 着	937	920	923	…	950	1100	レ	956	…	953	1017	1032	1124	1037	1020	1130	1023	1050
仙台 発	941	921	924	…	1000	…	レ	957	…	954	1018	…	…	1042	1021	…	1024	1100
古川 〃	954	レ	レ	…	1012	…	レ	レ	…	レ	レ	…	…	1054	レ	…	レ	1112
くりこま高原 〃	レ	レ	レ	…	1022	…	レ	レ	…	レ	レ	…	…	レ	レ	…	レ	1122
一ノ関 〃	1015	レ	レ	…	1042	…	レ	レ	…	レ	レ	…	…	1116	レ	…	レ	1139
水沢江刺 〃	レ	レ	レ	…	1053	…	レ	レ	…	レ	レ	…	…	レ	レ	…	レ	1150
北上 〃	1030	レ	レ	…	1106	…	レ	レ	…	レ	レ	…	…	1131	レ	…	レ	1204
新花巻 〃	レ	レ	レ	…	1115	…	レ	レ	…	レ	レ	…	…	レ	レ	…	レ	1213
盛岡 着	1042	レ	レ	…	1124	…	レ	1032	…	1029	1053	…	…	1143	レ	…	レ	1223
盛岡 発	1043	レ	レ	…	…	…	レ	1033	…	1030	1100	…	…	…	レ	…	レ	…
秋田 着	‖	‖	‖	…	…	…	‖	‖	…	1159	‖	…	…	…	‖	…	‖	…
沼宮内 〃	1056	レ	レ	…	…	…	レ	レ	…	レ	レ	…	…	…	レ	…	レ	…
二戸 〃	1118	レ	レ	…	…	…	レ	レ	…	レ	レ	…	…	…	レ	…	レ	…
八戸 〃	1135	レ	レ	…	…	…	レ	レ	…	レ	1126	…	…	…	レ	…	レ	…
七戸 〃	1149	レ	レ	…	…	…	レ	レ	…	レ	レ	…	…	…	レ	…	レ	…
新青森 着	1203	レ	レ	…	…	…	レ	1115	…	レ	1148	…	…	…	レ	…	レ	…
新青森 発	…	レ	レ	…	…	…	レ	1116	1138	レ	…	…	…	…	レ	…	レ	…
津軽今別 〃	…	レ	レ	…	…	…	レ	レ	1153	レ	…	…	…	…	レ	…	レ	…
知内 〃	…	レ	レ	…	…	…	レ	レ	1214	レ	…	…	…	…	レ	…	レ	…
新木古内 〃	…	レ	レ	…	…	…	レ	レ	1222	レ	…	…	…	…	レ	…	レ	…
新函館 着	…	レ	1108	…	…	…	レ	1150	1233	レ	…	…	…	…	レ	…	1208	…
新函館 発	…	レ	1109	1113	…	…	レ	1151	…	レ	…	…	…	…	レ	…	1209	…
新森 〃	…	レ	レ	1127	…	…	レ	レ	…	レ	…	…	…	…	レ	…	レ	…
新八雲 〃	…	レ	レ	1139	…	…	レ	レ	…	レ	…	…	…	…	レ	…	レ	…
長万部 〃	…	レ	レ	1150	…	…	レ	レ	…	レ	…	…	…	…	レ	…	レ	…
ニセコ高原 着	…	レ	レ	1204	…	…	レ	レ	…	レ	…	…	…	…	レ	…	レ	…
ニセコ高原 発	…	レ	レ	1207	…	…	レ	レ	…	レ	…	…	…	…	レ	…	レ	…
倶知安 〃	…	レ	レ	1215	…	…	レ	レ	…	レ	…	…	…	…	レ	…	レ	…
新小樽 〃	…	レ	レ	1229	…	…	レ	1232	…	レ	…	…	…	…	レ	…	レ	…
札幌 着	…	1146	1154	1240	…	…	1203	1243	…	1223	…	…	…	…	1246	…	1255	…

列車名	あおば 415号	おおぞら 23号	ニセコ 717号	北斗 たざわ 107号	海峡 615号	あおば 417号	おおぞら 25号	ニセコ 719号	はつかり 207号	あおば 419号	はつかり つばさ 357号	おおぞら 27号	やまびこ 309号	あおば 421号	おおぞら 29号	北斗 たざわ 109号	海峡 617号	おおぞら 31号	はつかり 209号	あおば 423号
季節・臨時						◆				◆					◆		◆			◆
行先	仙台	札幌	札幌	札幌 秋田	新函館	仙台	札幌	札幌	新青森	仙台	新青森 山形	札幌	盛岡	仙台	札幌	札幌 秋田	新函館	札幌	新青森	仙台
東京 発	912	918	…	924	…	927	930	…	933	942	948	1000	1003	1012	1018	1024	…	1030	1033	1042
上野 着	916	レ	…	レ	…	931	レ	…	937	946	952	レ	1007	1016	レ	レ	…	レ	1037	1046
上野 発	917	レ	…	レ	…	934	レ	…	938	947	953	レ	1008	1017	レ	レ	…	レ	1038	1047
大宮 着	932	レ	…	941	…	949	レ	…	953	1002	1008	レ	1023	1032	レ	1041	…	レ	1053	1102
大宮 発	936	レ	…	942	…	950	レ	…	954	1003	1009	レ	1024	1036	レ	1042	…	レ	1054	1103
小山 〃	1000	レ	…	レ	…	1009	レ	…	レ	1030	レ	レ	レ	1100	レ	レ	…	レ	レ	1130
宇都宮 着	1010	レ	…	レ	…	1019	レ	…	1015	1040	1030	レ	1045	1110	レ	レ	…	レ	1115	1140
宇都宮 発	1011	レ	…	レ	…	1020	レ	…	1016	1041	1035	レ	1046	1111	レ	レ	…	レ	1116	1141
那須塩原 〃	1028	レ	…	レ	…	1034	レ	…	レ	1101	レ	レ	レ	1128	レ	レ	…	レ	レ	1201
新白河 〃	1039	レ	…	レ	…	1052	レ	…	レ	1118	レ	レ	レ	1139	レ	レ	…	レ	レ	1218
郡山 着	1051	レ	…	1023	…	1104	レ	…	1041	1130	1100	レ	1111	1151	レ	レ	…	レ	1141	1230
郡山 発	1055	レ	…	1027	…	1105	レ	…	1042	1131	1101	レ	1115	1155	レ	レ	…	レ	1142	1231
福島 着	1108	レ	…	レ	…	1118	レ	…	1055	1144	1114	レ	1128	1208	レ	1131	…	レ	1155	1244
福島 発	1109	レ	…	レ	…	1123	レ	…	1056	1145	1115	レ	1129	1209	レ	1135	…	レ	1156	1245
米沢 〃	‖	‖	…	‖	…	‖	‖	…	‖	‖	1149	‖	‖	‖	‖	‖	…	‖	‖	‖
山形 着	‖	‖	…	‖	…	‖	‖	…	‖	‖	1223	‖	‖	‖	‖	‖	…	‖	‖	‖
白石蔵王 発	1129	レ	…	レ	…	1145	レ	…	レ	1157	レ	レ	レ	1221	レ	レ	…	レ	レ	1257
仙台 着	1144	レ	…	1056	…	1200	1053	…	1117	1212	1136	1120	1150	1236	レ	1156	…	1153	1217	1312
仙台 発	…	レ	…	1057	…	…	1054	…	1118	…	1141	1121	1200	…	レ	1157	…	1154	1218	…
古川 〃	…	レ	…	レ	…	…	レ	…	レ	…	1153	レ	1212	…	レ	レ	…	レ	レ	…
くりこま高原 〃	…	レ	…	レ	…	…	レ	…	レ	…	レ	レ	1222	…	レ	レ	…	レ	レ	…
一ノ関 〃	…	レ	…	レ	…	…	レ	…	レ	…	1215	レ	1239	…	レ	レ	…	レ	レ	…
水沢江刺 〃	…	レ	…	レ	…	…	レ	…	レ	…	レ	レ	1250	…	レ	レ	…	レ	レ	…
北上 〃	…	レ	…	レ	…	…	レ	…	レ	…	1230	レ	1300	…	レ	レ	…	レ	レ	…
新花巻 〃	…	レ	…	レ	…	…	レ	…	レ	…	レ	レ	1309	…	レ	レ	…	レ	レ	…
盛岡 着	…	レ	…	1132	…	…	レ	…	1153	…	1242	レ	1318	…	レ	1232	…	レ	1253	…
盛岡 発	…	レ	…	1133	…	…	レ	…	1157	…	1243	レ	…	…	レ	1233	…	レ	1257	…
秋田 着	…	‖	…	1307	…	…	‖	…	‖	…	‖	‖	…	…	‖	1407	…	‖	‖	…
沼宮内 〃	…	レ	…	レ	…	…	レ	…	1210	…	1256	レ	…	…	レ	レ	…	レ	レ	…
二戸 〃	…	レ	…	レ	…	…	レ	…	1228	…	1315	レ	…	…	レ	レ	…	レ	レ	…
八戸 〃	…	レ	…	1159	…	…	レ	…	1240	…	1327	レ	…	…	レ	レ	…	レ	1323	…
七戸 〃	…	レ	…	レ	…	…	レ	…	1258	…	1341	レ	…	…	レ	レ	…	レ	レ	…
新青森 着	…	レ	…	1221	…	…	レ	…	1312	…	1355	レ	…	…	レ	1315	…	1308	1345	…
新青森 発	…	レ	…	1222	1225	…	レ	…	…	…	…	レ	…	…	レ	1318	1325	1309	…	…
津軽今別 〃	…	レ	…	レ	1244	…	レ	…	…	…	…	レ	…	…	レ	レ	1344	レ	…	…
知内 〃	…	レ	…	レ	1302	…	レ	…	…	…	…	レ	…	…	レ	レ	1402	レ	…	…
木古内 〃	…	レ	…	レ	1314	…	レ	…	…	…	…	レ	…	…	レ	レ	1414	レ	…	…
新函館 着	…	レ	…	1256	1325	…	1237	…	…	…	…	レ	…	…	1321	1350	1425	レ	…	…
新函館 発	…	レ	…	1257	…	…	1238	1252	…	…	…	レ	…	…	1322	1351	…	レ	…	…
新森 〃	…	レ	…	レ	…	…	レ	1308	…	…	…	レ	…	…	レ	レ	…	レ	…	…
新八雲 〃	…	レ	…	レ	…	…	レ	1320	…	…	…	レ	…	…	レ	レ	…	レ	…	…
長万部 〃	…	レ	…	レ	…	…	レ	1331	…	…	…	レ	…	…	レ	レ	…	レ	…	…
ニセコ高原 着	…	レ	…	レ	…	…	レ	1345	…	…	…	レ	…	…	レ	1421	…	レ	…	…
ニセコ高原 発	…	レ	1303	レ	…	…	レ	1349	…	…	…	レ	…	…	レ	1422	…	レ	…	…
倶知安 〃	…	レ	1311	レ	…	…	レ	1357	…	…	…	レ	…	…	レ	レ	…	レ	…	…
新小樽 〃	…	レ	1325	レ	…	…	レ	1417	…	…	…	レ	…	…	レ	レ	…	レ	…	…
札幌 着	…	1304	1336	1343	…	…	1324	1428	…	…	…	1346	…	…	1407	1443	…	1424	…	…

列車名	やまびこ つばさ 359号	おおぞら 33号	やまびこ 311号	あおば 425号	北斗 たざわ 111号	海峡 619号	おおぞら 35号	ニセコ 721号	はつかり 211号	あおば 427号	はつかり つばさ 361号	おおぞら 37号	やまびこ 313号	あおば 429号	北斗 たざわ 113号	海峡 621号	おおぞら 39号	はつかり 213号
季節・臨時										◆						◆		
行先	仙台 山形	札幌	盛岡	仙台	札幌 秋田	新函館	札幌	札幌	新青森	仙台	新青森 山形	札幌	盛岡	仙台	札幌 秋田	新函館	札幌	新青森
東京 発	1048	1100	1103	1112	1124	…	1130	…	1133	1142	1148	1200	1203	1212	1224	…	1230	1233
上野 着	1052	レ	1107	1116	レ	…	レ	…	1137	1146	1152	レ	1207	1216	レ	…	レ	1237
上野 発	1053	レ	1108	1117	レ	…	レ	…	1138	1147	1153	レ	1208	1217	レ	…	レ	1238
大宮 着	1108	レ	1123	1132	1141	…	レ	…	1153	1202	1208	レ	1223	1232	1241	…	レ	1253
大宮 発	1109	レ	1124	1136	1142	…	レ	…	1154	1203	1209	レ	1224	1236	1242	…	レ	1254
小山 〃	レ	レ	レ	1200	レ	…	レ	…	レ	1230	レ	レ	レ	1300	レ	…	レ	レ
宇都宮 着	1130	レ	1145	1210	レ	…	レ	…	1215	1240	1230	レ	1245	1310	レ	…	レ	1315
宇都宮 発	1135	レ	1146	1211	レ	…	レ	…	1216	1241	1235	レ	1246	1311	レ	…	レ	1316
那須塩原 〃	レ	レ	レ	1228	レ	…	レ	…	レ	1258	レ	レ	レ	1328	レ	…	レ	レ
新白河 〃	レ	レ	レ	1239	レ	…	レ	…	レ	1318	レ	レ	レ	1339	レ	…	レ	レ
郡山 着	1200	レ	1211	1251	1223	…	レ	…	1241	1330	1300	レ	1311	1351	レ	…	レ	1341
郡山 発	1201	レ	1212	1255	1227	…	レ	…	1242	1331	1301	レ	1312	1355	レ	…	レ	1342
福島 着	1214	レ	1225	1308	レ	…	レ	…	1255	1344	1314	レ	1325	1408	1331	…	レ	1355
福島 発	1215	レ	1226	1309	レ	…	レ	…	1256	1345	1315	レ	1326	1409	1335	…	レ	1356
米沢 〃	1249	‖	‖	‖	‖	…	‖	…	‖	‖	1349	‖	‖	‖	‖	…	‖	‖
山形 着	1322	‖	‖	‖	‖	…	‖	…	‖	‖	1423	‖	‖	‖	‖	…	‖	‖
白石蔵王 発	1227	レ	レ	1325	レ	…	レ	…	レ	1357	レ	レ	レ	1421	レ	…	レ	レ
仙台 着	1242	1220	1247	1340	1256	…	レ	…	1317	1412	1336	1320	1347	1436	1356	…	レ	1417
仙台 発	…	1221	1300	…	1257	…	レ	…	1318	…	1337	1321	1400	…	1357	…	レ	1418
古川 〃	…	レ	1312	…	レ	…	レ	…	レ	…	1349	レ	1412	…	レ	…	レ	レ
くりこま高原 〃	…	レ	1322	…	レ	…	レ	…	レ	…	レ	レ	1422	…	レ	…	レ	レ
一ノ関 〃	…	レ	1339	…	レ	…	レ	…	レ	…	1415	レ	1439	…	レ	…	レ	レ
水沢江刺 〃	…	レ	1350	…	レ	…	レ	…	レ	…	レ	レ	1450	…	レ	…	レ	レ
北上 〃	…	レ	1400	…	レ	…	レ	…	レ	…	1430	レ	1500	…	レ	…	レ	レ
新花巻 〃	…	レ	1409	…	レ	…	レ	…	レ	…	レ	レ	1509	…	レ	…	レ	レ
盛岡 着	…	レ	1418	…	1332	…	レ	…	1353	…	1442	レ	1518	…	1432	…	レ	1453
盛岡 発	…	レ	…	…	1333	…	レ	…	1357	…	1443	レ	…	…	1433	…	レ	1457
秋田 着	…	‖	…	…	1507	…	‖	…	‖	…	‖	‖	…	…	1607	…	‖	‖
沼宮内 〃	…	レ	…	…	レ	…	レ	…	1410	…	1456	レ	…	…	レ	…	レ	レ
二戸 〃	…	レ	…	…	レ	…	レ	…	1423	…	1515	レ	…	…	レ	…	レ	レ
八戸 〃	…	レ	…	…	1359	…	レ	…	1435	…	1534	レ	…	…	レ	…	レ	1533
七戸 〃	…	レ	…	…	レ	…	レ	…	1452	…	1548	レ	…	…	レ	…	レ	レ
新青森 着	…	レ	…	…	1421	…	レ	…	1506	…	1602	レ	…	…	1515	…	レ	1545
新青森 発	…	レ	…	…	1422	1425	レ	…	…	…	…	レ	…	…	1516	1535	レ	…
津軽今別 〃	…	レ	…	…	レ	1445	レ	…	…	…	…	レ	…	…	レ	1550	レ	…
知内 〃	…	レ	…	…	レ	1503	レ	…	…	…	…	レ	…	…	レ	1612	レ	…
木古内 〃	…	レ	…	…	レ	1511	レ	…	…	…	…	レ	…	…	レ	1620	レ	…
新函館 着	…	レ	…	…	1456	1522	1435	…	…	…	…	レ	…	…	1550	1631	1531	…
新函館 発	…	レ	…	…	1457	…	1436	1440	…	…	…	レ	…	…	1551	…	1532	…
新森 〃	…	レ	…	…	レ	…	レ	1451	…	…	…	レ	…	…	レ	…	レ	…
新八雲 〃	…	レ	…	…	レ	…	レ	1503	…	…	…	レ	…	…	レ	…	レ	…
長万部 〃	…	レ	…	…	レ	…	レ	1520	…	…	…	レ	…	…	レ	…	レ	…
ニセコ高原 着	…	レ	…	…	レ	…	レ	1528	…	…	…	レ	…	…	1621	…	レ	…
ニセコ高原 発	…	レ	…	…	レ	…	レ	1529	…	…	…	レ	…	…	1622	…	レ	…
倶知安 〃	…	レ	…	…	レ	…	レ	1543	…	…	…	レ	…	…	レ	…	レ	…
新小樽 〃	…	レ	…	…	レ	…	レ	1557	…	…	…	レ	…	…	1638	…	レ	…
札幌 着	…	1446	…	…	1543	…	1522	1608	…	…	…	1546	…	…	1649	…	1618	…

列車名	あおば 431号	つばさ 363号	おおぞら 41号	ニセコ 723号	やまびこ 315号	あおば 433号	おおぞら 43号	北斗・たざわ 115号	海峡 623号	おおぞら 45号	はつかり 215号	あおば 435号	はつかり・つばさ 365号	おおぞら 47号	やまびこ 317号	あおば 437号	北斗・つばさ 117号	ニセコ 725号	海峡 625号	おおぞら・たざわ 49号
季節・臨時	◆											◆								
行先	仙台	山形	札幌	札幌	盛岡	仙台	札幌	札幌・秋田	新函館	札幌	新青森	仙台	新青森・山形	札幌	盛岡	仙台	札幌・山形	札幌	新函館	札幌・秋田
東京 発	1242	1248	1300	⋯	1303	1312	1318	1324	⋯	1330	1333	1342	1348	1400	1403	1412	1424	⋯	⋯	1430
上野 着	1246	1252	レ	⋯	1307	1316	レ	レ	⋯	レ	1337	1346	1352	レ	1407	1416	レ	⋯	⋯	レ
上野 発	1247	1253	レ	⋯	1308	1317	レ	レ	⋯	レ	1338	1347	1353	レ	1408	1417	レ	⋯	⋯	レ
大宮 着	1302	1308	レ	⋯	1323	1332	レ	1341	⋯	レ	1353	1402	1408	レ	1423	1432	1441	⋯	⋯	レ
大宮 発	1303	1309	レ	⋯	1324	1336	レ	1342	⋯	レ	1354	1403	1409	レ	1424	1436	1442	⋯	⋯	レ
小山 〃	1330	レ	レ	⋯	レ	1400	レ	レ	⋯	レ	レ	1430	レ	レ	レ	1500	レ	⋯	⋯	レ
宇都宮 着	1340	1330	レ	⋯	1345	1410	レ	レ	⋯	レ	1415	1440	1430	レ	1445	1510	レ	⋯	⋯	レ
宇都宮 発	1341	1335	レ	⋯	1346	1411	レ	レ	⋯	レ	1416	1441	1435	レ	1446	1511	レ	⋯	⋯	レ
那須塩原 〃	1401	レ	レ	⋯	レ	1428	レ	レ	⋯	レ	レ	1458	レ	レ	レ	1528	レ	⋯	⋯	レ
新白河 〃	1418	レ	レ	⋯	レ	1439	レ	レ	⋯	レ	レ	1518	レ	レ	レ	1539	レ	⋯	⋯	レ
郡山 着	1430	1400	レ	⋯	1411	1451	レ	1423	⋯	レ	1441	1530	1500	レ	1511	1551	レ	⋯	⋯	レ
郡山 発	1431	1401	レ	⋯	1415	1455	レ	1427	⋯	レ	1442	1531	1501	レ	1512	1555	レ	⋯	⋯	レ
福島 着	1444	1414	レ	⋯	1428	1508	レ	レ	⋯	レ	1455	1544	1514	レ	1525	1608	1531	⋯	⋯	レ
福島 発	1445	1415	レ	⋯	1429	1509	レ	レ	⋯	レ	1456	1545	1515	レ	1526	1609	1535	⋯	⋯	レ
米沢 〃	∥	1447	∥	⋯	∥	∥	∥	∥	⋯	∥	∥	∥	1549	∥	∥	∥	レ	⋯	⋯	∥
山形 着	∥	1520	∥	⋯	∥	∥	∥	∥	⋯	∥	∥	∥	1623	∥	∥	∥	1637	⋯	⋯	∥
白石蔵王 発	1457	⋯	レ	⋯	レ	1525	レ	レ	⋯	レ	レ	1557	レ	レ	レ	1621	レ	⋯	⋯	レ
仙台 着	1512	⋯	1420	⋯	1450	1540	レ	1456	⋯	1453	1517	1612	1536	1520	1547	1636	1556	⋯	⋯	レ
仙台 発	⋯	⋯	1421	⋯	1500	⋯	レ	1457	⋯	1454	1518	⋯	1537	1521	1600	⋯	1557	⋯	⋯	レ
古川 〃	⋯	⋯	レ	⋯	1512	⋯	レ	レ	⋯	レ	レ	⋯	1549	レ	1612	⋯	レ	⋯	⋯	レ
くりこま高原 〃	⋯	⋯	レ	⋯	1522	⋯	レ	レ	⋯	レ	レ	⋯	レ	レ	1622	⋯	レ	⋯	⋯	レ
一ノ関 〃	⋯	⋯	レ	⋯	1539	⋯	レ	レ	⋯	レ	レ	⋯	1615	レ	1639	⋯	レ	⋯	⋯	レ
水沢江刺 〃	⋯	⋯	レ	⋯	1550	⋯	レ	レ	⋯	レ	レ	⋯	レ	レ	1650	⋯	レ	⋯	⋯	レ
北上 〃	⋯	⋯	レ	⋯	1600	⋯	レ	レ	⋯	レ	レ	⋯	1630	レ	1700	⋯	レ	⋯	⋯	レ
新花巻 〃	⋯	⋯	レ	⋯	1609	⋯	レ	レ	⋯	レ	レ	⋯	レ	レ	1709	⋯	レ	⋯	⋯	レ
盛岡 着	⋯	⋯	レ	⋯	1618	⋯	レ	1532	⋯	レ	1553	⋯	1642	レ	1718	⋯	1632	⋯	⋯	1624
盛岡 発	⋯	⋯	レ	⋯	⋯	⋯	レ	1533	⋯	レ	1557	⋯	1643	レ	⋯	⋯	1633	⋯	⋯	1625
秋田 着	⋯	⋯	∥	⋯	⋯	⋯	∥	1707	⋯	∥	∥	⋯	∥	∥	⋯	⋯	∥	⋯	⋯	1759
沼宮内 〃	⋯	⋯	レ	⋯	⋯	⋯	レ	レ	⋯	レ	1610	⋯	1656	レ	⋯	⋯	レ	⋯	⋯	レ
二戸 〃	⋯	⋯	レ	⋯	⋯	⋯	レ	レ	⋯	レ	1623	⋯	1715	レ	⋯	⋯	レ	⋯	⋯	レ
八戸 〃	⋯	⋯	レ	⋯	⋯	⋯	レ	1559	⋯	レ	1635	⋯	1727	レ	⋯	⋯	レ	⋯	⋯	レ
七戸 〃	⋯	⋯	レ	⋯	⋯	⋯	レ	レ	⋯	レ	1649	⋯	1741	レ	⋯	⋯	レ	⋯	⋯	レ
新青森 着	⋯	⋯	レ	⋯	⋯	⋯	レ	1621	⋯	1608	1703	⋯	1755	レ	⋯	⋯	1715	⋯	⋯	レ
新青森 発	⋯	⋯	レ	⋯	⋯	⋯	レ	1622	1625	1609	⋯	⋯	⋯	レ	⋯	⋯	1716	⋯	1735	レ
津軽今別 〃	⋯	⋯	レ	⋯	⋯	⋯	レ	レ	1644	レ	⋯	⋯	⋯	レ	⋯	⋯	レ	⋯	1750	レ
知内 〃	⋯	⋯	レ	⋯	⋯	⋯	レ	レ	1702	レ	⋯	⋯	⋯	レ	⋯	⋯	レ	⋯	1808	レ
新木古内 〃	⋯	⋯	レ	⋯	⋯	⋯	レ	レ	1710	レ	⋯	⋯	⋯	レ	⋯	⋯	レ	⋯	1816	レ
新函館 着	⋯	⋯	1605	⋯	⋯	⋯	レ	1656	1721	レ	⋯	⋯	⋯	レ	⋯	⋯	1750	⋯	1827	1737
新函館 発	⋯	⋯	1606	1610	⋯	⋯	レ	1657	⋯	レ	⋯	⋯	⋯	レ	⋯	⋯	1751	1755	⋯	1738
新森 〃	⋯	⋯	レ	1625	⋯	⋯	レ	レ	⋯	レ	⋯	⋯	⋯	レ	⋯	⋯	レ	1809	⋯	レ
新八雲 〃	⋯	⋯	レ	1637	⋯	⋯	レ	レ	⋯	レ	⋯	⋯	⋯	レ	⋯	⋯	レ	1821	⋯	レ
長万部 〃	⋯	⋯	レ	1648	⋯	⋯	レ	レ	⋯	レ	⋯	⋯	⋯	レ	⋯	⋯	レ	1832	⋯	レ
ニセコ高原 着	⋯	⋯	レ	1702	⋯	⋯	レ	レ	⋯	レ	⋯	⋯	⋯	レ	⋯	⋯	1821	1846	⋯	レ
ニセコ高原 発	⋯	⋯	レ	1707	⋯	⋯	レ	レ	⋯	レ	⋯	⋯	⋯	レ	⋯	⋯	1822	1847	⋯	レ
倶知安 〃	⋯	⋯	レ	1715	⋯	⋯	レ	レ	⋯	レ	⋯	⋯	⋯	レ	⋯	⋯	レ	1855	⋯	レ
新小樽 〃	⋯	⋯	レ	1729	⋯	⋯	レ	レ	⋯	レ	⋯	⋯	⋯	レ	⋯	⋯	レ	1914	⋯	レ
札幌 着	⋯	⋯	1652	1740	⋯	⋯	1701	1743	⋯	1724	⋯	⋯	⋯	1746	⋯	⋯	1843	1925	⋯	1824

列車名	はつかり 217号	あおば 439号	やまびこ・つばさ 367号	おおぞら 51号	やまびこ 319号	あおば 441号	北斗・たざわ 119号	海峡 627号	おおぞら 53号	ニセコ 727号	はつかり 219号	あおば 443号	はつかり・つばさ 369号	おおぞら 55号	ニセコ 729号	はつかり 321号	あおば 445号	おおぞら 57号
季節・臨時		◆						◆		◆		◆						
行先	新青森	仙台	仙台・山形	札幌	盛岡	仙台	札幌・秋田	新函館	札幌	札幌	新青森	仙台	新青森・山形	札幌	札幌	新青森	仙台	札幌
東京 発	1433	1442	1448	1500	1503	1512	1524	⋯	1530	⋯	1533	1542	1548	1600	⋯	1603	1612	1618
上野 着	1437	1446	1452	レ	1507	1516	レ	⋯	レ	⋯	1537	1546	1552	レ	⋯	1607	1616	レ
上野 発	1438	1447	1453	レ	1508	1517	レ	⋯	レ	⋯	1538	1547	1553	レ	⋯	1608	1617	レ
大宮 着	1453	1502	1508	レ	1523	1532	1541	⋯	レ	⋯	1553	1602	1608	レ	⋯	1623	1632	レ
大宮 発	1454	1503	1509	レ	1524	1536	1542	⋯	レ	⋯	1554	1603	1609	レ	⋯	1624	1636	レ
小山 〃	レ	1530	レ	レ	レ	1600	レ	⋯	レ	⋯	レ	1630	レ	レ	⋯	レ	1700	レ
宇都宮 着	1515	1540	1530	レ	1545	1610	レ	⋯	レ	⋯	1615	1640	1630	レ	⋯	1645	1710	レ
宇都宮 発	1516	1541	1535	レ	1546	1611	レ	⋯	レ	⋯	1616	1641	1635	レ	⋯	1646	1711	レ
那須塩原 〃	レ	1558	レ	レ	レ	1628	レ	⋯	レ	⋯	レ	1701	レ	レ	⋯	レ	1728	レ
新白河 〃	レ	1618	レ	レ	レ	1639	レ	⋯	レ	⋯	レ	1718	レ	レ	⋯	レ	1739	レ
郡山 着	1541	1630	1600	レ	1611	1651	1623	⋯	レ	⋯	1641	1730	1700	レ	⋯	1711	1751	レ
郡山 発	1542	1631	1601	レ	1612	1655	1627	⋯	レ	⋯	1642	1731	1701	レ	⋯	1715	1758	レ
福島 着	1555	1644	1614	レ	1625	1708	レ	⋯	レ	⋯	1655	1744	1714	レ	⋯	1728	1811	レ
福島 発	1556	1645	1615	レ	1626	1709	レ	⋯	レ	⋯	1656	1745	1715	レ	⋯	1729	1812	レ
米沢 〃	∥	∥	1649	∥	∥	∥	∥	⋯	∥	⋯	∥	∥	1749	∥	⋯	∥	∥	∥
山形 着	∥	∥	1723	∥	∥	∥	∥	⋯	∥	⋯	∥	∥	1822	∥	⋯	∥	∥	∥
白石蔵王 発	レ	1657	1627	レ	レ	1729	レ	⋯	レ	⋯	レ	1757	レ	レ	⋯	レ	1830	レ
仙台 着	1617	1712	1642	1620	1647	1743	1656	⋯	レ	⋯	1717	1812	1736	1720	⋯	1750	1845	レ
仙台 発	1618	⋯	⋯	1621	1700	⋯	1657	⋯	レ	⋯	1718	⋯	1741	1721	⋯	1800	⋯	レ
古川 〃	レ	⋯	⋯	レ	1712	⋯	レ	⋯	レ	⋯	レ	⋯	1753	レ	⋯	1812	⋯	レ
くりこま高原 〃	レ	⋯	⋯	レ	1722	⋯	レ	⋯	レ	⋯	レ	⋯	レ	レ	⋯	1822	⋯	レ
一ノ関 〃	レ	⋯	⋯	レ	1739	⋯	レ	⋯	レ	⋯	レ	⋯	1815	レ	⋯	1842	⋯	レ
水沢江刺 〃	レ	⋯	⋯	レ	1750	⋯	レ	⋯	レ	⋯	レ	⋯	レ	レ	⋯	1853	⋯	レ
北上 〃	レ	⋯	⋯	レ	1805	⋯	レ	⋯	レ	⋯	レ	⋯	1830	レ	⋯	1906	⋯	レ
新花巻 〃	レ	⋯	⋯	レ	1814	⋯	レ	⋯	レ	⋯	レ	⋯	レ	レ	⋯	1915	⋯	レ
盛岡 着	1653	⋯	⋯	レ	1823	⋯	1732	⋯	レ	⋯	1753	⋯	1842	レ	⋯	1924	⋯	レ
盛岡 発	1657	⋯	⋯	レ	⋯	⋯	1733	⋯	レ	⋯	1757	⋯	1843	レ	⋯	1936	⋯	レ
秋田 着	∥	⋯	⋯	∥	⋯	⋯	1907	⋯	∥	⋯	∥	⋯	∥	∥	⋯	∥	⋯	∥
沼宮内 〃	レ	⋯	⋯	レ	⋯	⋯	レ	⋯	レ	⋯	1810	⋯	1856	レ	⋯	1949	⋯	レ
二戸 〃	レ	⋯	⋯	レ	⋯	⋯	レ	⋯	レ	⋯	1828	⋯	1918	レ	⋯	2002	⋯	レ
八戸 〃	1723	⋯	⋯	レ	⋯	⋯	1759	⋯	レ	⋯	1840	⋯	1935	レ	⋯	2021	⋯	レ
七戸 〃	レ	⋯	⋯	レ	⋯	⋯	レ	⋯	レ	⋯	1858	⋯	1949	レ	⋯	2043	⋯	レ
新青森 着	1745	⋯	⋯	レ	⋯	⋯	1821	⋯	レ	⋯	1912	⋯	2003	レ	⋯	2057	⋯	レ
新青森 発	⋯	⋯	⋯	レ	⋯	⋯	1822	1825	レ	⋯	⋯	⋯	⋯	レ	⋯	⋯	⋯	レ
津軽今別 〃	⋯	⋯	⋯	レ	⋯	⋯	レ	1844	レ	⋯	⋯	⋯	⋯	レ	⋯	⋯	⋯	レ
知内 〃	⋯	⋯	⋯	レ	⋯	⋯	レ	1902	レ	⋯	⋯	⋯	⋯	レ	⋯	⋯	⋯	レ
新木古内 〃	⋯	⋯	⋯	レ	⋯	⋯	レ	1914	レ	⋯	⋯	⋯	⋯	レ	⋯	⋯	⋯	レ
新函館 着	⋯	⋯	⋯	レ	⋯	⋯	1856	1925	1835	⋯	⋯	⋯	⋯	1905	⋯	⋯	⋯	レ
新函館 発	⋯	⋯	⋯	レ	⋯	⋯	1857	⋯	1836	⋯	⋯	⋯	⋯	1906	1911	⋯	⋯	レ
新森 〃	⋯	⋯	⋯	レ	⋯	⋯	レ	⋯	レ	⋯	⋯	⋯	⋯	レ	1926	⋯	⋯	レ
新八雲 〃	⋯	⋯	⋯	レ	⋯	⋯	レ	⋯	レ	⋯	⋯	⋯	⋯	レ	1938	⋯	⋯	レ
長万部 〃	⋯	⋯	⋯	レ	⋯	⋯	レ	⋯	レ	⋯	⋯	⋯	⋯	レ	1949	⋯	⋯	レ
ニセコ高原 着	⋯	⋯	⋯	レ	⋯	⋯	レ	⋯	レ	⋯	⋯	⋯	⋯	レ	2003	⋯	⋯	レ
ニセコ高原 発	⋯	⋯	⋯	レ	⋯	⋯	レ	⋯	レ	1926	⋯	⋯	⋯	レ	2007	⋯	⋯	レ
倶知安 〃	⋯	⋯	⋯	レ	⋯	⋯	レ	⋯	レ	1937	⋯	⋯	⋯	レ	2015	⋯	⋯	レ
新小樽 〃	⋯	⋯	⋯	レ	⋯	⋯	1938	⋯	レ	1955	⋯	⋯	⋯	レ	2029	⋯	⋯	レ
札幌 着	⋯	⋯	⋯	1846	⋯	⋯	1949	⋯	1921	2005	⋯	⋯	⋯	1952	2040	⋯	⋯	2001

列車名	たざわ・北斗 121号	海峡 629号	おおぞら 59号	はつかり 221号	あおば 447号	つばさ・やまびこ 371号	おおぞら 61号	おおぞら 63号	やまびこ 323号	あおば 449号	おおぞら 65号	ニセコ 731号	たざわ・北斗 123号	海峡 631号	おおぞら 67号	ニセコ 733号	はつかり 223号	やまびこ 383号	あおば 451号	つばさ・はつかり 373号
季節・臨時					◆		◆					◆				◆		◆		
行先	札幌・秋田	新函館	札幌	新青森	仙台	盛岡・山形	札幌	札幌	盛岡	仙台	札幌	札幌	札幌・秋田	新函館	札幌	札幌	新青森	仙台	仙台	新青森・山形
東京発	1624	…	1630	1633	1642	1648	1654	1700	1703	1712	1718	…	1724	…	1730	…	1733	1736	1742	1748
上野着	レ	…	レ	1637	1646	1652	レ	レ	1707	1716	レ	…	レ	…	レ	…	1737	1740	1746	1752
上野発	レ	…	レ	1638	1647	1653	レ	レ	1708	1717	レ	…	レ	…	レ	…	1738	1741	1747	1753
大宮着	1641	…	レ	1653	1702	1708	1711	レ	1723	1732	レ	…	1741	…	レ	…	1753	1756	1802	1808
大宮発	1642	…	レ	1654	1703	1709	1712	レ	1724	1736	レ	…	1742	…	レ	…	1754	1757	1803	1809
小山〃	レ	…	レ	レ	1730	レ	レ	レ	レ	1800	レ	…	レ	…	レ	…	レ	レ	1830	レ
宇都宮着	レ	…	レ	1715	1740	1730	レ	レ	1745	1810	レ	…	レ	…	レ	…	1815	1818	1840	1830
宇都宮発	レ	…	レ	1716	1741	1737	レ	レ	1746	1811	レ	…	レ	…	レ	…	1816	1819	1841	1837
那須塩原〃	レ	…	レ	レ	1801	レ	レ	レ	レ	1831	レ	…	レ	…	レ	…	レ	レ	1901	レ
新白河〃	レ	…	レ	レ	1818	レ	レ	レ	レ	1854	レ	…	レ	…	レ	…	レ	1838	1918	レ
郡山着	レ	…	レ	1741	1830	1802	レ	レ	1811	1906	レ	…	1823	…	レ	…	1841	1850	1930	1902
郡山発	レ	…	レ	1742	1831	1803	レ	レ	1815	1907	レ	…	1827	…	レ	…	1842	1857	1931	1903
福島着	1731	…	レ	1755	1844	1816	レ	レ	1828	1920	レ	…	レ	…	レ	…	1855	1910	1944	1916
福島発	1735	…	レ	1756	1845	1817	レ	レ	1829	1924	レ	…	レ	…	レ	…	1856	1911	1945	1917
米沢〃	‖	…	‖	‖	‖	1851	‖	‖	‖	‖	‖	…	‖	…	‖	…	‖	‖	‖	1951
山形着	‖	…	‖	‖	‖	1924	‖	‖	‖	‖	‖	…	‖	…	‖	…	‖	‖	‖	2024
白石蔵王発	レ	…	レ	レ	1857	レ	レ	レ	レ	1945	レ	…	レ	…	レ	…	レ	レ	1957	レ
仙台着	1756	…	1753	1817	1912	1838	1820	1823	1850	2000	レ	…	1856	…	1853	…	1917	1932	2012	1937
仙台発	1757	…	1754	1818	…	1842	1821	1824	1900	…	レ	…	1857	…	1854	…	1918	…	…	1941
古川〃	レ	…	レ	レ	…	1854	レ	レ	1912	…	レ	…	レ	…	レ	…	レ	…	…	1954
くりこま高原〃	レ	…	レ	レ	…	レ	レ	レ	1922	…	レ	…	レ	…	レ	…	レ	…	…	レ
一ノ関〃	レ	…	レ	レ	…	1915	レ	レ	1942	…	レ	…	レ	…	レ	…	レ	…	…	2015
水沢江刺〃	レ	…	レ	レ	…	レ	レ	レ	1953	…	レ	…	レ	…	レ	…	レ	…	…	レ
北上〃	レ	…	レ	レ	…	1930	レ	レ	2006	…	レ	…	レ	…	レ	…	レ	…	…	2030
新花巻〃	レ	…	レ	レ	…	レ	レ	レ	2015	…	レ	…	レ	…	レ	…	レ	…	…	レ
盛岡着	1832	…	レ	1853	…	1942	レ	レ	2024	…	レ	…	1932	…	レ	…	1953	…	…	2042
盛岡発	1833	…	レ	1900	…	…	レ	レ	…	…	レ	…	1933	…	レ	…	2000	…	…	2043
秋田着	2007	…	‖	‖	…	…	‖	‖	…	…	‖	…	2107	…	‖	…	‖	…	…	‖
沼宮内〃	レ	…	レ	レ	…	…	レ	レ	…	…	レ	…	レ	…	レ	…	2013	…	…	2056
二戸〃	レ	…	レ	レ	…	…	レ	レ	…	…	レ	…	レ	…	レ	…	2029	…	…	2118
八戸〃	レ	…	レ	1926	…	…	レ	レ	…	…	レ	…	レ	…	レ	…	2041	…	…	2135
七戸〃	レ	…	レ	レ	…	…	レ	レ	…	…	レ	…	レ	…	レ	…	2105	…	…	2149
新青森着	1915	…	1908	1948	…	…	レ	レ	…	…	レ	…	2015	…	レ	…	2119	…	…	2203
新青森発	1916	1925	1909	…	…	…	レ	レ	…	…	レ	…	2016	2025	レ	…	…	…	…	…
津軽今別〃	レ	1947	レ	…	…	…	レ	レ	…	…	レ	…	レ	2047	レ	…	…	…	…	…
知内〃	レ	2005	レ	…	…	…	レ	レ	…	…	レ	…	レ	2105	レ	…	…	…	…	…
新木古内〃	レ	2016	レ	…	…	…	レ	レ	…	…	レ	…	レ	2116	レ	…	…	…	…	…
新函館着	1950	2027	レ	…	…	…	レ	2008	…	…	レ	…	2050	2127	2037	…	…	…	…	…
新函館発	1951	…	レ	…	…	…	レ	2009	…	…	レ	…	2055	…	2038	2033	…	…	…	…
新森〃	レ	…	レ	…	…	…	レ	レ	…	…	レ	…	2112	…	レ	2047	…	…	…	…
新八雲〃	レ	…	レ	…	…	…	レ	レ	…	…	レ	…	2124	…	レ	2059	…	…	…	…
長万部〃	レ	…	レ	…	…	…	レ	レ	…	…	レ	…	2138	…	レ	2110	…	…	…	…
ニセコ高原着	レ	…	レ	…	…	…	レ	レ	…	…	レ	…	2152	…	レ	2124	…	…	…	…
ニセコ高原発	レ	…	レ	…	…	…	レ	レ	…	…	レ	2048	2153	…	レ	2132	…	…	…	…
俱知安〃	レ	…	レ	…	…	…	レ	レ	…	…	レ	2056	2201	…	レ	2140	…	…	…	…
新小樽〃	2032	…	レ	…	…	…	レ	レ	…	…	レ	2110	2220	…	レ	2157	…	…	…	…
札幌着	2043	…	2024	…	…	…	2046	2055	…	…	2104	2121	2231	…	2124	2208	…	…	…	…

列車名	おおぞら 69号	あおば 453号	おおぞら 71号	やまびこ 325号	あおば 455号	おおぞら 73号	つばさ・北斗 125号	海峡 633号	あおば 457号	たざわ・おおぞら 75号	はつかり 225号	やまびこ 385号	あおば 459号	つばさ・やまびこ 375号	おおぞら 77号	おおぞら 79号	ニセコ 735号	やまびこ 327号
季節・臨時		◆						◆	◆			◆						
行先	札幌	仙台	札幌	盛岡	仙台	札幌	札幌・山形	新函館	仙台	札幌・秋田	新青森	仙台	仙台	盛岡・山形	札幌	札幌	札幌	盛岡
東京発	1754	1757	1800	1803	1812	1818	1824	…	1827	1830	1833	1836	1842	1848	1854	1900	…	1903
上野着	レ	1801	レ	1807	1816	レ	レ	…	1831	レ	1837	1840	1846	1852	レ	レ	…	1907
上野発	レ	1804	レ	1808	1817	レ	レ	…	1834	レ	1838	1841	1847	1853	レ	レ	…	1908
大宮着	1811	1819	レ	1823	1832	レ	1841	…	1849	レ	1853	1856	1902	1908	1911	レ	…	1923
大宮発	1812	1820	レ	1824	1836	レ	1842	…	1850	レ	1854	1857	1903	1909	1912	レ	…	1924
小山〃	レ	1839	レ	レ	1900	レ	レ	…	1912	レ	レ	レ	1930	レ	レ	レ	…	レ
宇都宮着	レ	1849	レ	1845	1910	レ	レ	…	1922	レ	1915	1918	1940	1930	レ	レ	…	1945
宇都宮発	レ	1853	レ	1846	1911	レ	レ	…	1923	レ	1916	1919	1941	1937	レ	レ	…	1946
那須塩原〃	レ	1913	レ	レ	1931	レ	レ	…	1949	レ	レ	レ	2001	レ	レ	レ	…	レ
新白河〃	レ	1924	レ	レ	1954	レ	レ	…	2006	レ	レ	レ	2018	レ	レ	レ	…	レ
郡山着	レ	1936	レ	1911	2006	レ	レ	…	2018	レ	1941	1944	2030	2002	レ	レ	…	2011
郡山発	レ	1937	レ	1915	2007	レ	レ	…	2019	レ	1942	1945	2031	2003	レ	レ	…	2015
福島着	レ	1950	レ	1928	2020	レ	1931	…	2032	レ	1955	1958	2044	2016	レ	レ	…	2028
福島発	レ	1951	レ	1929	2024	レ	1935	…	2039	レ	1956	2005	2045	2017	レ	レ	…	2029
米沢〃	‖	‖	‖	‖	‖	‖	2009	…	‖	‖	‖	‖	‖	2051	‖	‖	…	‖
山形着	‖	‖	‖	‖	‖	‖	2042	…	‖	‖	‖	‖	‖	2124	‖	‖	…	‖
白石蔵王発	レ	2012	レ	レ	2045	レ	レ	…	2051	レ	レ	2017	2057	レ	レ	レ	…	レ
仙台着	1920	2027	1923	1950	2100	レ	1956	…	2106	レ	2017	2032	2112	2038	2020	2023	…	2050
仙台発	1921	…	1924	2000	…	レ	1957	…	…	レ	2018	…	…	2042	2021	2024	…	2100
古川〃	レ	…	レ	2012	…	レ	レ	…	…	レ	レ	…	…	2054	レ	レ	…	2112
くりこま高原〃	レ	…	レ	2022	…	レ	レ	…	…	レ	レ	…	…	レ	レ	レ	…	2122
一ノ関〃	レ	…	レ	2043	…	レ	レ	…	…	レ	レ	…	…	2115	レ	レ	…	2139
水沢江刺〃	レ	…	レ	2054	…	レ	レ	…	…	レ	レ	…	…	レ	レ	レ	…	2150
北上〃	レ	…	レ	2107	…	レ	レ	…	…	レ	レ	…	…	2130	レ	レ	…	2204
新花巻〃	レ	…	レ	2116	…	レ	レ	…	…	レ	レ	…	…	レ	レ	レ	…	2213
盛岡着	レ	…	レ	2125	…	レ	2032	…	…	2027	2053	…	…	2142	レ	レ	…	2223
盛岡発	レ	…	レ	…	…	レ	2033	…	…	2028	2100	…	…	…	レ	レ	…	…
秋田着	レ	…	‖	…	…	‖	‖	…	…	2157	‖	…	…	…	‖	‖	…	…
沼宮内〃	レ	…	レ	…	…	レ	レ	…	…	レ	レ	…	…	…	レ	レ	…	…
二戸〃	レ	…	レ	…	…	レ	レ	…	…	レ	レ	…	…	…	レ	レ	…	…
八戸〃	レ	…	レ	…	…	レ	2059	…	…	レ	2126	…	…	…	レ	レ	…	…
七戸〃	レ	…	レ	…	…	レ	レ	…	…	レ	レ	…	…	…	レ	レ	…	…
新青森着	レ	…	レ	…	…	レ	2121	…	…	レ	2148	…	…	…	レ	レ	…	…
新青森発	レ	…	レ	…	…	レ	2122	2125	…	レ	…	…	…	…	レ	レ	…	…
津軽今別〃	レ	…	レ	…	…	レ	レ	2147	…	レ	…	…	…	…	レ	レ	…	…
知内〃	レ	…	レ	…	…	レ	レ	2213	…	レ	…	…	…	…	レ	レ	…	…
新木古内〃	レ	…	レ	…	…	レ	レ	2221	…	レ	…	…	…	…	レ	レ	…	…
新函館着	レ	…	レ	…	…	レ	2156	2232	…	2139	…	…	…	…	レ	2208	…	…
新函館発	レ	…	レ	…	…	レ	2157	…	…	2140	…	…	…	…	レ	2209	2212	…
新森〃	レ	…	レ	…	…	レ	レ	…	…	レ	…	…	…	…	レ	レ	2226	…
新八雲〃	レ	…	レ	…	…	レ	レ	…	…	レ	…	…	…	…	レ	レ	2238	…
長万部〃	レ	…	レ	…	…	レ	レ	…	…	レ	…	…	…	…	レ	レ	2249	…
ニセコ高原着	レ	…	レ	…	…	レ	レ	…	…	レ	…	…	…	…	レ	レ	2303	…
ニセコ高原発	レ	…	レ	…	…	レ	レ	…	…	レ	…	…	…	…	レ	レ	2307	…
俱知安〃	レ	…	レ	…	…	レ	レ	…	…	レ	…	…	…	…	レ	レ	2315	…
新小樽〃	レ	…	レ	…	…	レ	2238	…	…	レ	…	…	…	…	レ	レ	2329	…
札幌着	2146	…	2149	…	…	2203	2249	…	…	2226	…	…	…	…	2246	2255	2340	…

列車名	あおば 461号	おおぞら 81号	北斗たざわ 127号	海峡 635号	おおぞら 83号	はつかり 227号	あおば 463号	はつかりつばさ 377号	おおぞら 85号	やまびこ 329号	あおば 465号	おおぞら 87号	はつかりたざわ 141号	おおぞら 91号
季節・臨時				◆			◆			◆				◆
行先	仙台	札幌	札幌 秋田	新函館	札幌	新青森	仙台	新青森 山形	札幌	盛岡	仙台	札幌	新青森 秋田	新函館
東京発	1912	1918	1924	…	1930	1933	1942	1948	2000	2003	2012	2018	2024	2030
上野着	1916	レ	レ	…	レ	1937	1946	1952	レ	2007	2016	レ	レ	レ
上野発	1917	レ	レ	…	レ	1938	1947	1953	レ	2008	2017	レ	レ	レ
大宮着	1932	レ	1941	…	レ	1953	2002	2008	レ	2023	2032	レ	2041	レ
大宮発	1936	レ	1942	…	レ	1954	2003	2009	レ	2024	2036	レ	2042	レ
小山〃	2000	レ	レ	…	レ	レ	2030	レ	レ	レ	2100	レ	レ	レ
宇都宮着	2010	レ	レ	…	レ	2015	2040	2030	レ	2045	2110	レ	レ	レ
宇都宮発	2011	レ	レ	…	レ	2016	2041	2035	レ	2046	2111	レ	レ	レ
那須塩原〃	2028	レ	レ	…	レ	レ	2101	レ	レ	レ	2128	レ	レ	レ
新白河〃	2039	レ	レ	…	レ	レ	2118	レ	レ	レ	2139	レ	レ	レ
郡山着	2051	レ	2023	…	レ	2041	2130	2100	レ	2111	2151	レ	レ	レ
郡山発	2055	レ	2027	…	レ	2042	2131	2101	レ	2115	2155	レ	レ	レ
福島着	2108	レ	レ	…	レ	2055	2144	2114	レ	2128	2208	レ	2131	レ
福島発	2109	レ	レ	…	レ	2056	2145	2115	レ	2129	2209	レ	2132	レ
米沢〃	‖	‖	‖	…	‖	‖	‖	2149	‖	‖	‖	‖	‖	‖
山形着	‖	‖	‖	…	‖	‖	‖	2223	‖	‖	‖	‖	‖	‖
白石蔵王発	2129	レ	レ	…	レ	レ	2157	レ	レ	レ	2225	レ	レ	レ
仙台着	2143	レ	2056	…	2053	2117	2212	2136	2120	2150	2240	レ	2158	レ
仙台発	…	レ	2057	…	2054	2118	…	2140	2121	2200	…	レ	2157	レ
古川〃	…	レ	レ	…	レ	レ	…	2152	レ	2212	…	レ	レ	レ
くりこま高原〃	…	レ	レ	…	レ	レ	…	レ	レ	2222	…	レ	レ	レ
一ノ関〃	…	レ	レ	…	レ	レ	…	2215	レ	2242	…	レ	レ	レ
水沢江刺〃	…	レ	レ	…	レ	レ	…	レ	レ	2253	…	レ	レ	レ
北上〃	…	レ	レ	…	レ	レ	…	2230	レ	2303	…	レ	レ	レ
新花巻〃	…	レ	レ	…	レ	レ	…	レ	レ	2312	…	レ	レ	レ
盛岡着	…	レ	2132	…	レ	2153	…	2242	レ	2321	…	レ	2232	レ
盛岡発	…	レ	2133	…	レ	2157	…	2243	レ	…	…	レ	2233	レ
秋田着	…	‖	2307	…	‖	‖	…	‖	‖	…	…	‖	007	‖
沼宮内〃	…	レ	レ	…	レ	2210	…	2256	レ	…	…	レ	レ	レ
二戸〃	…	レ	レ	…	レ	2228	…	2312	レ	…	…	レ	レ	レ
八戸〃	…	レ	2159	…	レ	2240	…	2328	レ	…	…	レ	2259	レ
七戸〃	…	レ	レ	…	レ	2256	…	2341	レ	…	…	レ	レ	レ
新青森着	…	レ	2221	…	2208	2310	…	2355	レ	…	…	レ	2321	2306
新青森発	…	レ	2222	2225	2209	…	…	…	レ	…	…	レ	…	2307
津軽今別〃	…	レ	レ	2244	レ	…	…	…	レ	…	…	レ	…	レ
知内〃	…	レ	レ	2302	レ	…	…	…	レ	…	…	レ	…	レ
新木古内〃	…	レ	レ	2313	レ	…	…	…	レ	…	…	レ	…	レ
新函館着	…	レ	2256	2325	レ	…	…	…	2305	…	…	レ	…	2341
新函館発	…	レ	2257	…	レ	…	…	…	2306	…	…	レ	…	…
新森〃	…	レ	レ	…	レ	…	…	…	レ	…	…	レ	…	…
新八雲〃	…	レ	レ	…	レ	…	…	…	レ	…	…	レ	…	…
長万部〃	…	レ	レ	…	レ	…	…	…	レ	…	…	レ	…	…
ニセコ高原着	…	レ	レ	…	レ	…	…	…	レ	…	…	レ	…	…
ニセコ高原発	…	レ	レ	…	レ	…	…	…	レ	…	…	レ	…	…
倶知安〃	…	レ	レ	…	レ	…	…	…	レ	…	…	レ	…	…
新小樽〃	…	レ	2338	…	レ	…	…	…	レ	…	…	レ	…	…
札幌着	…	2303	2349	…	2324	…	…	…	2352	…	…	2359	…	…

列車名	はつかり 229号	あおば 467号	やまびこ 331号	やまびこ 387号	あおば 481号	やまびこつばさ 151号	あおば 469号	あおば 483号	やまびこ 389号	あおば 485号	やまびこ 153号	あおば 487号	あおば 489号											
季節・臨時		◆		◆				◆			◆													
行先	新青森	仙台	盛岡	仙台	那須塩原	盛岡 山形	仙台	那須塩原	仙台	郡山	仙台	那須塩原	宇都宮											
東京発	2033	2042	2048	2103	2112	2124	2130	2142	2200	2212	2224	2248	2306	…	…	…	…	…	…	…	…	…	…	…
上野着	2037	2046	2052	2107	2116	レ	2134	2146	2204	2216	レ	2252	2310	…	…	…	…	…	…	…	…	…	…	…
上野発	2038	2047	2053	2108	2117	レ	2135	2147	2205	2217	レ	2253	2311	…	…	…	…	…	…	…	…	…	…	…
大宮着	2053	2102	2108	2123	2132	2141	2150	2202	2220	2232	2241	2308	2328	…	…	…	…	…	…	…	…	…	…	…
大宮発	2054	2103	2109	2124	2136	2142	2151	2203	2221	2236	2242	2309	2329	…	…	…	…	…	…	…	…	…	…	…
小山〃	レ	2130	レ	レ	2157	レ	2208	2220	レ	2257	レ	2326	2346	…	…	…	…	…	…	…	…	…	…	…
宇都宮着	2115	2140	2130	2145	2207	レ	2218	2230	2242	2307	レ	2336	2356	…	…	…	…	…	…	…	…	…	…	…
宇都宮発	2116	2141	2135	2146	2208	レ	2219	2231	2243	2308	レ	2337	…	…	…	…	…	…	…	…	…	…	…	…
那須塩原〃	レ	2158	レ	レ	2222	レ	2233	2245	レ	2322	レ	2351	…	…	…	…	…	…	…	…	…	…	…	…
新白河〃	レ	2209	レ	レ	…	レ	2244	…	レ	2333	レ	…	…	…	…	…	…	…	…	…	…	…	…	…
郡山着	2141	2221	2200	2211	…	レ	2256	…	2308	2345	2323	…	…	…	…	…	…	…	…	…	…	…	…	…
郡山発	2142	2227	2201	2212	…	レ	2257	…	2309	…	2324	…	…	…	…	…	…	…	…	…	…	…	…	…
福島着	2155	2240	2214	2225	…	2231	2310	…	2322	…	2337	…	…	…	…	…	…	…	…	…	…	…	…	…
福島発	2156	2241	2215	2226	…	2232	2311	…	2323	…	2338	…	…	…	…	…	…	…	…	…	…	…	…	…
米沢〃	‖	‖	‖	‖	…	2306	‖	…	‖	…	‖	…	…	…	…	…	…	…	…	…	…	…	…	…
山形着	‖	‖	‖	‖	…	2340	‖	…	‖	…	‖	…	…	…	…	…	…	…	…	…	…	…	…	…
白石蔵王発	レ	2253	レ	レ	…	レ	2323	…	レ	…	レ	…	…	…	…	…	…	…	…	…	…	…	…	…
仙台着	2217	2308	2236	2247	…	2253	2338	…	2344	…	2359	…	…	…	…	…	…	…	…	…	…	…	…	…
仙台発	2224	…	2237	…	…	2254	…	…	…	…	…	…	…	…	…	…	…	…	…	…	…	…	…	…
古川〃	レ	…	2249	…	…	レ	…	…	…	…	…	…	…	…	…	…	…	…	…	…	…	…	…	…
くりこま高原〃	レ	…	2259	…	…	レ	…	…	…	…	…	…	…	…	…	…	…	…	…	…	…	…	…	…
一ノ関〃	レ	…	2312	…	…	レ	…	…	…	…	…	…	…	…	…	…	…	…	…	…	…	…	…	…
水沢江刺〃	レ	…	2323	…	…	レ	…	…	…	…	…	…	…	…	…	…	…	…	…	…	…	…	…	…
北上〃	レ	…	2333	…	…	レ	…	…	…	…	…	…	…	…	…	…	…	…	…	…	…	…	…	…
新花巻〃	レ	…	2342	…	…	レ	…	…	…	…	…	…	…	…	…	…	…	…	…	…	…	…	…	…
盛岡着	2259	…	2351	…	…	2329	…	…	…	…	…	…	…	…	…	…	…	…	…	…	…	…	…	…
盛岡発	2300	…	…	…	…	…	…	…	…	…	…	…	…	…	…	…	…	…	…	…	…	…	…	…
秋田着	‖	…	…	…	…	…	…	…	…	…	…	…	…	…	…	…	…	…	…	…	…	…	…	…
沼宮内〃	レ	…	…	…	…	…	…	…	…	…	…	…	…	…	…	…	…	…	…	…	…	…	…	…
二戸〃	レ	…	…	…	…	…	…	…	…	…	…	…	…	…	…	…	…	…	…	…	…	…	…	…
八戸〃	2326	…	…	…	…	…	…	…	…	…	…	…	…	…	…	…	…	…	…	…	…	…	…	…
七戸〃	レ	…	…	…	…	…	…	…	…	…	…	…	…	…	…	…	…	…	…	…	…	…	…	…
新青森着	2348	…	…	…	…	…	…	…	…	…	…	…	…	…	…	…	…	…	…	…	…	…	…	…
新青森発	…	…	…	…	…	…	…	…	…	…	…	…	…	…	…	…	…	…	…	…	…	…	…	…
津軽今別〃	…	…	…	…	…	…	…	…	…	…	…	…	…	…	…	…	…	…	…	…	…	…	…	…
知内〃	…	…	…	…	…	…	…	…	…	…	…	…	…	…	…	…	…	…	…	…	…	…	…	…
新木古内〃	…	…	…	…	…	…	…	…	…	…	…	…	…	…	…	…	…	…	…	…	…	…	…	…
新函館着	…	…	…	…	…	…	…	…	…	…	…	…	…	…	…	…	…	…	…	…	…	…	…	…
新函館発	…	…	…	…	…	…	…	…	…	…	…	…	…	…	…	…	…	…	…	…	…	…	…	…
新森〃	…	…	…	…	…	…	…	…	…	…	…	…	…	…	…	…	…	…	…	…	…	…	…	…
新八雲〃	…	…	…	…	…	…	…	…	…	…	…	…	…	…	…	…	…	…	…	…	…	…	…	…
長万部〃	…	…	…	…	…	…	…	…	…	…	…	…	…	…	…	…	…	…	…	…	…	…	…	…
ニセコ高原着	…	…	…	…	…	…	…	…	…	…	…	…	…	…	…	…	…	…	…	…	…	…	…	…
ニセコ高原発	…	…	…	…	…	…	…	…	…	…	…	…	…	…	…	…	…	…	…	…	…	…	…	…
倶知安〃	…	…	…	…	…	…	…	…	…	…	…	…	…	…	…	…	…	…	…	…	…	…	…	…
新小樽〃	…	…	…	…	…	…	…	…	…	…	…	…	…	…	…	…	…	…	…	…	…	…	…	…
札幌着	…	…	…	…	…	…	…	…	…	…	…	…	…	…	…	…	…	…	…	…	…	…	…	…

その後の経過と現状

平成7（1995）年4月に盛岡（北盛岡信号場）―沼宮内（北沼宮内信号場）間をフル規格新幹線（標準軌新線）で建設することが認可された。このときには南八戸信号場―八戸間の標準軌新線の建設も認可されている。この結果、それまでは沼宮内駅と八戸駅は在来線の駅と共用するとしていたのが、在来線駅と切り離した新幹線独自の駅にすることになった。さらに平成8年10月に八戸―新青森間の標準軌新線による建設が認可された。

平成14（2002）年に北海道新幹線新青森―札幌間の標準軌新線と津軽海峡線の共用による新幹線直通線の建設が認可されたものの着工には至らなかった。

建設スキームとして、建設費のうち、国が3分の2、沿線自治体が3分の1を負担して、新幹線保有機構や国鉄清算事業団を組織内に組み入れた日本鉄道建設公団（平成15年に鉄道運輸機構に改編）が建設して関連各JRに新幹線の新路線を貸し付けること、財源としては既存新幹線からの貸付料（のちに各JRに年賦による売却料）と年度ごとの国から支出で建設予算の3分の2を支出する。残る3分

青い森鉄道になった厨川駅の青森寄りの新幹線高架橋（右）。奥が国鉄時代に造られた高架橋、手前が八戸延伸時に造られた高架橋。橋脚の構造が異なるとともに、新しい方の高架橋はまだ白いコンクリートなので明らかに新しいのがわかる。しかし、年月が経つにつれて徐々にどす黒くなってきている

の1は関係する自治体が支出すること、そして並行在来線はJRから分離し第3セクター鉄道が引き継ぐことが決定した。

開業前のいわて沼宮内―八戸間を見学

盛岡―八戸間は平成14(2002)年12月に開業した。筆者は開業の約半年前に鉄道建設公団の案内により、沼宮内―八戸間の新幹線各設備を見学させていただいたことがあった。沼宮内駅は「いわて沼宮内」駅に改称が決定していたが、このときは沼宮内の駅名のままだった。

その沼宮内駅で公団の職員と合流、工事用の上着とヘルメットを支給されて、まずは新幹線沼宮内駅構内を案内された。以前、同駅の新幹線駅を工事中の新幹線改札口から覗き見をしようとして、警備員に注意されたことがあったが、今回は堂々と中に入れて写真撮影もさせていただいた。とはいえ相対式ホーム2面2線の簡単な配線でありホームも短い10両ぶんしかない。

降雪地帯のためにホーム上屋(屋根)はホーム全体だけでなく上下本線まで覆うようになっている。軌道(レール)

建設中のいわて沼宮内駅

国道4号バイパスから見たいわて沼宮内駅。閑散とした街並みの中にひときわ目立つ高架駅

一般の人が立ち入れなかった建設中のいわて沼宮内駅の高架下。左に盛岡行「はつかり」号が沼宮内駅を通過している

全体が屋根に覆われている相対式ホーム2面2線。まだホームドアは設置されていない

南東の山の中腹から見た二戸駅。建設中の展望タワーが見える

丘から見た保守基地

盛岡寄りの跨線橋から見た新在両二戸駅

新幹線上り線側のホームから見た盛岡寄りにある順方向の上下渡り線。「出」と表示された出発可否の仮の標柱が建っている

同盛岡方を見る。保守基地への出入線へのポイントが見える

ホームドアがすでに設置され、上部のコンコースへの階段が見える

敷設工事と架線の吊架は終了している。この時点ではホームドアや構内化粧工事が行われていた。工事用車両が軌道上を走るので、線路内には立ち入れなかった。架線には交流25kvの電流がすでに流れているためか「高圧注意」の幕が置かれ、臨時の非常停止ボタンも設置されていた。

この先、二戸駅までは長さ25・8㎞の岩手一戸トンネルはじめ多数のトンネルがあるために、新幹線線路には近寄らずに国道4号を北上したが、少し遠回りして同国道4号沼宮内バスパスを通ってもらえた。同バイパスから新幹線沼宮内駅の全体が見通せるので、配慮していただいたのである。

二戸駅に近づいたが、まずは駅には寄らず、新幹線や東北本線を跨いで南西側にある山の中腹に向かった。ここから新幹線二戸駅が一望できるためである。新幹線二戸駅の東側に展望タワー（のちに「カシオペアメッセ・なにゃーと」と命名される）が建設中で完成すれば新幹線見学の拠点になること、八戸寄りに保守基地があり、東北本線から狭軌線が乗り入れていてレールの搬入を行ったことなど説明を頂いた。

次に新幹線二戸駅構内へと案内された。こちらは橋上駅で東北本線の跨線橋と一体化している。盛岡寄りに順方向の非常渡り線、八戸寄りに保守基地への乗上式の分岐ポイントが置かれている。

二戸—八戸間にある5径間で上路アーチ橋の第2馬淵川橋梁や同じく上路アーチ橋の第3馬淵川橋梁を案内されながら新幹線八戸駅に到着する。八戸駅は島式ホーム2面4線で、盛岡寄りにシーサスポイント[(注19)]、新青森寄りに順方向の渡り線がある。その渡り線の向こうに2線の留置線があり、雪国のために上屋に覆われていた。新青森駅

注19：日本語では交差両亘線（わたりせん）。通常の左側通行をする電車が右側に転線するのを対向亘線、逆走して左側に転線するのを背向亘線という。これを一つにまとめたものをシーサスクロッシングポイントという。本書では短く分かりやすくするためにシーサスポイントと略し、同様に対抗亘線は順渡り線、背向亘線は逆渡り線と称することにする。

注20：カント量とは左右のレールの高低差の割合のことである。これによって遠心力を緩和して車内で体がよろけないようにしている。東北新幹線の盛岡以南では155㎜にしている。東海道新幹線は最小曲線半径2500ｍなのでカント量を180㎜にしていたが200㎜に嵩上して、2500ｍのカーブで260㎞を出せるようにした。最小曲線半径4000ｍの山陽新幹線は300㎞運転するために155㎜から180㎜に引き上げた。

注21：オーバーカントとは遠心力がマイナスになる、つまり遠心力が働く方向の逆方向に傾く力が働くことをいう。260㎞運転のときには4000ｍのカーブに差し掛かると傾いている方向に体が持っていかれるということになる。ただし、乗り心地が損なうほどの傾きにはなっていない。

まで開通したときには、この留置線が上下本線になって上屋は撤去される。

留置線の終端付近は曲線半径4000mのところにあるためにカント量は200㎜にしている。[注20] 山陽新幹線以後の新幹線の最小曲線半径は4000mだが、整備新幹線の設計速度は260㎞なのでカント量を200㎜にするとオーバーカントになるが、[注21] 将来は300㎞以上の速度を出すことになるので、新幹線で許容されている200㎜にしたとのことである。200㎜を超えると、停止時に横風を受けたりして車両が転倒する危険があるために世界的にも標準軌では200㎜を限界としている。

二戸駅の保守基地への分岐ポイントは乗上式のために新幹線で採用されているフロントノーズ可動式よりも空間がなくフロントノーズ通過音は発生しない。また出入線の本線ポイントの手前には誤進入を防ぐために安全側線が置かれている

二戸駅隣接の展望タワーから八戸方を見る

保守基地のレール授受線は狭軌・標準軌併用の３線軌になっている。レールを運搬貨車への積込用に門型クレーンが置かれている

青い森鉄道になった東北本線から狭軌線が保守基地に乗り入れている。通常は保守基地に進入できないようにしている

展望台から盛岡寄りを見る。開業前の二戸駅全景は左端の山の中腹で撮影

青い森鉄道の青森寄りから見た二戸駅

青い森鉄道の八戸駅の盛岡寄りから見た新幹線。暫定整備で着工したとき、このあたりに南八戸信号場を設置して在来線に乗り入れる予定だった。そのための用地は新幹線八戸保守基地に流用されている。右の建屋は新幹線保守車の車庫

第2馬淵川橋梁

八戸開業前に掲げられていた八戸駅東側鳥瞰パース。物産センター（商工会館）よりも新青森寄りに跨線橋が置かれたために物産センターへは2階の渡り廊下でいけるようにした

八戸駅は島式ホーム2面4線だが、新青森開業後には高速で通過する列車が走るために内側だけにホームドアが設置されている

八戸駅から盛岡寄りを見る。シーサスポイントが置かれている

同・新青森方を見る。将来本線になる線路は留置線として使われるため建屋に覆われている。また、右に分岐する検修線が１線分れている

建屋内の留置線は本線になったときカント量を上げるためにバラスト軌道になっている

検修線は別の建屋に置かれている

右が留置線棟、左が検修線棟。留置線棟は半径4000 mのカーブ手前の緩和曲線上にある

検修線棟の上から八戸駅を見る。中央の線路は検修線棟から延びた引上試運転線。現在は検修線棟とともに撤去されている

2008年3月時点で新青森駅まで軌道敷設工事が始まっても留置線と検修線の建屋は撤去されずに新青森開業直前まで使用されていた

新青森開業寸前に八戸駅の建屋はすべて撤去され東北新幹線の上下本線になった

八戸駅の青森方を見る。奥の左にカーブし始めたあたりまでの上下本線が、新青森開業前までは留置線だった。右側に新幹線敷地内に残る空き地が検修線の跡地

新青森寄りから八戸駅方を見る。左側の新幹線敷地にあった引上線は撤去されて更地になっている

この場合、半径4000mのカーブでの最高速度は331km(注22)まで出せるが、時速360kmを連続して出すことはできない。車体を1・5度傾斜(注23)させているE5系だと、カント量200mmにした4000mのカーブで349kmをだすことができても360kmは出せない。360kmを出すためには車体を2・5度傾斜させる必要がある。

　枕木と路盤をコンクリートで一体化したスラブ軌道が多い盛岡以南でカント量を200mmに上げるのは簡単ではない。そこで東北・北海道新幹線で360km運転をするときには4000mのカーブでは盛岡以北で345km、以南で320kmに抑え、半径5000m以上のカーブで360km運転をするといわれている。東北新幹線では400mのカーブはさほどないからである。

　ということで東京—札幌間を3時間41分にすることは現実的ではなく、4時間10分程度になる。そこで直線に近い区間では世界最速となる380kmを出して、4時間0分台にすることを狙っているという。ただし、100kmの距離を320kmでずっと出した場合の所要時間は18分45秒、これを380kmだと15分47秒だから短縮時間は3分程度にしかならない。4時間0分台にすることもなかなか難しいところである。

八戸以北について

八戸—新青森間は平成22（2010）年12月に開業した。建設中に何度か取材した。八戸駅の留置線は開業寸前に建屋が撤去されて通常の上下本線になった。

かたくなにミニ新幹線化を主張していた古牧温泉の社長さんは亡くなり、小牧温泉

注22・カーブでの最高速度は発生する遠心力が0・08Gになった場合の速度である。日本だけでなく海外でも0・08Gを越えないように最小曲線半径とカント量を定めている。これを乗り心地限界遠心力とした。「人にやさしい鉄道研究会」は遠心力を1・0Gでもいいとした。半径4000m、カント量200mmのカーブで1・0Gが許容遠心力にして1度傾斜させた場合の限界速度は360kmになる。しかし、0・08Gの遠心力でも車内で歩いているとよろけてしまう。1・0Gまで上げることは問題があるといえる。

　また遠心力はカント不足量に置き換えることができる。ようするにカントによる傾きが足りない量で0・08Gはカント不足量に換算して110mmに相当する。換算式はカント不足量Cmを軌間Gで割った値が遠心力αになる（Cm/G=α）。また限界速度の計算式は$V=\sqrt{127R(C+Cm)/G}$である（Vは限界速度、Rは曲線半径、Cはカント量）。

注23・車体が1・5度傾いているということはカント量にして34・5mmアップしているということである。これによって盛岡以南のカント量155mmになっている4000mのカーブで325kmまで出せることになった。そして5kmの余裕を持たせて320kmで運転をするようになった。しかし盛岡以北で360km運転をするためにはカント量を200mmに高め、さらに車体傾斜角度を2・5度にした車両が必要である。

そのものは星野リゾートに買収され、星野リゾート青森屋になった。筆者も青森屋になってから何度か宿泊させてもらった。最初に宿泊したときは敷地内に十和田観光電鉄の線路が横切っていたが、平成24年4月に同電鉄は廃止された。横切っていた線路は撤去された。それでも、旧東北本線との貨物連絡線の一部は青森屋の別館の裏に残っている。

七戸（現七戸十和田）駅の新青森寄りに保守基地が設置されて、二戸駅と同様に上下渡り線が設置された。二戸駅と異なるのは積雪地帯なので上下渡り線の上はスノーシェルターが被されている。

新青森駅は北海道新幹線との境界駅のために島式ホーム2面4線の高架駅となり、下をほぼ直交している奥羽本線のほうも片面ホーム1面1線から島式ホーム1面2線となった。駅構内は別にして周囲には食堂や土産物店などはほとんどない。ビジネスホテルとして東横インの新青森駅東口の1軒とレストランが1軒ある以外はレンタカー会社の建屋と駐車場、バスストップばかりである。

青森県は商業施設や公的建物は青森駅近辺にそのまま残存させて、新青森駅は北海道新幹線との接続やレンタカー、バスの結節駅として、両駅とも繁栄させることにした。

新青森駅から0・5㎞北上した位置にJR東日本の青森車両基地が設置され、北海道新幹線との分岐点までも先行して建設された。

北海道新幹線新青森―新函館北斗間

北海道新幹線の新青森―新函館間の先行開業が決定したのちの平成20（2008）年3月に九州新幹線博多―新八代間、北陸新幹線長野―金沢間、東北新幹線八戸―新青森間とともに北海道新幹線の新青森―新函館間の建設状況を見に行った。まだ、八戸―新青森間が建設中だったので、北海道新幹線については、トンネルの掘削は行われていたが、明かり区間（トンネルや地下線でない区間）は新青森駅から0・8㎞地点まで青森車両基地まで並行して本線高架橋が建設しているだけで、他の区間は鉄道・運輸機構によるルート上の標柱が建植されているだけだった。奥津軽駅や木古内駅、新函館駅もまだ工事が始まっていなかった。

津軽海峡線との共用区間では3線軌化の工事が始まったものの、まだ、一部区間に設置されているだけだった。そのレールの搬入用の貨車が函館駅に集結していた。

知内駅は北海道新幹線が開業したときには信号場になることは決まっていた。信号場になったときに配線変更が予定されているためにスラブ軌道ではなくバラスト軌道にしてあったが、この取材時点では全く手付かずだった。開通後に奥津軽駅になる津軽今別駅も手付かずだったが、隣接するレール搬入の基地にするために津軽線の津軽二俣駅の青森寄りにある海峡線の保守基地にもレール運搬用貨車が置かれていた。

北海道新幹線の新青森—函館北斗間は平成28（2016）年3月に開通した。仮称奥津軽駅は奥津軽いまべつ駅、見学用の竜飛と吉岡の駅は避難用にするために駅ではなく定点と呼ばれるようになった。知内駅は予定通り信号場になったが、名称は湯の里知内信号場に改称された。新函館駅も新函館北斗駅に名称変更された。

本州側にある共用区間始点に用意されていた海峡線乗り越し用の構造物は流用されず、新幹線は長いスパンの橋桁で海峡線の下り線を跨ぐようになった。

奥津軽いまべつ駅は基本的に下り線側に通過線と停車線がある相対式ホーム2面3線としたが、上下渡り線を設置して上り電車の待避もできるようにした。また、狭軌線は同駅の外側に上下各2線ずつ置かれ、標準軌線と分離した構造になった。

湯の里知内信号場はホームが撤去され、3線軌になっている本線上下線の両外側に狭軌の貨物着発線が各2線ずつ置かれた。木古内駅は上り線が通過線と停車線に分れた相対式ホーム2面3線となり、前後に渡り線が設置されるとともに保守基地が置かれた。

新函館北斗駅は島式ホーム2面4線になるように設計されているが、札幌駅まで開通後に下り待避線になる線路は路盤だけ設置され、レールは敷かれていない。上り待避線は路盤そのものが完成しておらず、在来線の函館本線のホームを設置し

八戸駅の新青森寄りにある南部山トンネルを出た「はやぶさ」4号。３２０km運転に備えてトンネル坑口に微気圧波軽減のための長いフードが設置されている。147頁下段の写真はこのトンネルの上部にある南部山健康運動公園の駐車場付近で撮影

2008年3月時点の七戸十和田駅。路盤とホームが完成したものの軌道はまだ敷設されていない。奥のスノーシェルターのところに上下渡り線が設置される

同・新青森駅。奥羽本線との交差部はまだ躯体が完成していない

供用区間起点付近に建てられた北海道新幹線の標柱。奥に海峡線が見える

津軽今別駅の保守基地に置かれたレール集積所

上り線（左）に標準軌線レールが設置されて外軌共用の３線軌化が終了したが、下り線（右）はまだ狭軌線だけになっている

て同じ平面で乗り換えるようにした。

終点側は10両編成が留置できる高架の引上線が設置されたが、手前に車両基地があり発着線は2線あれば十分だということで、線路は敷かれていない。

知内駅の横に置かれたレール集積所

建設中の渡島当別トンネルの坑口

函館運転所のヤードに集結しているレール運搬貨車群

共用区間の運転速度は貨物列車とのすれ違い時に風圧で貨物列車が転覆する恐れがあるとして、開業時では１４０kmに抑えられた。平成31（２０１９）年3月に１６０kmに引き上げた。東京—新函館北斗間の所要時間は最速で4時間2分だったのが、１６０kmに引き上げで3時間58分と4分短縮した。さらに令和2年（２０２０）の暮から翌正月3ヶ日間、ゴールデンウィークの期間は貨物列車の運転が少なくなるために、貨物列車とすれ違わない新幹線電車については２１０km運転して、さらに3分ほど短縮するようになった。

今後、貨物列車を廃止して新幹線電車だけを走らせて、あるいは、すれ違わない新幹線電車に対して２６０km運転をするとか、貨物輸送専用の新幹線、つまり貨物新幹線電車を走らせるなど、いろいろ考えられているが結論は出ていない。

令和3年3月から上り1本だけに限って荷客混合の新幹線電車が走るようになったものの、客室を荷物室にしただけなので大した輸送量ではない。本格的な貨物新幹線電車の出現が期待されるところだが、ＪＲ貨物との兼ね合いや在来線との間での貨物の積み替えをどうするかなど、問題

共用区間始点の準備構造物は結局使用されなかった

海峡線の下り線を跨ぐ新幹線乗越橋は長スパンの下路アーチ橋にした

共用区間始点を走る「はやぶさ」両側の線路は狭軌の海峡線

奥津軽いまべつ駅に改造中の津軽今別駅を通過する「スーパー白鳥」新青森行。手前の線路は新幹線用の標準軌

津軽今別駅の上りホーム。右に完成した新幹線奥津軽いまべつ駅があるために新幹線開通後貨物本線上に板張りの仮ホームが置かれている。列車は隣の上り1番副本線を通る

同、下りホーム。下りの仮ホームは下り１番副本線の上に置かれ、貨物列車は新幹線開通後に下り本線となる線路を通る

津軽今別駅の上り線へ行く通路から完成した新幹線線路の新函館北斗方を見る。背面に新幹線奥津軽いまべつ駅がある

下り貨物線から新函館北斗方を見る。右の地上に降りていく線路は保守基地への出入線。保守基地には標準軌用と標準軌用があるため3線軌になっている。出入線は左の貨物本線とつながり、その先で標準軌線と合流するが、手前の保守基地出入線から合流地点まで3線軌になっている

上り貨物線から新函館北斗方を見る。こちらも保守基地への出入線が接続しているが、狭軌線だけになっている

完成した新幹線奥津軽いまべつ駅は標準軌だけの相対式ホーム２面３線。狭軌線は駅の両外側に２線ずつ設置されている

奥津軽いまべつ駅に進入するH5系電車。先頭部の先で狭軌線が分岐している

奥津軽いまべつ駅では狭軌線は旅客駅の両外側に

湯の里知内信号場の上下本線は3線軌。両外側に2線ずつの狭軌貨物着発線が置かれている

木古内駅は相対式ホーム２面３線

新函館北斗駅に進入するE5系「はやぶさ」

完成した湯の里知内信号場を2015年7月に「スーパー白鳥」新青森行から見る。北海道新幹線新函館北斗開業2年前の2014年3月に旅客駅としては廃止されている

木古内駅手前の共用区間終点。上下狭軌線が左右に分かれていく。走っているのは本州方面上り貨物列車

上野トンネルから見た新幹線木古内駅。左手前に狭軌の海峡線下り線が地上に降りている

新函館北斗駅の終端部にすでに本線高架橋路盤が完成している。暫定的に留置線にしようとしていたがそれほど必要ないとして軌道は敷設されなかった

新函館北斗駅は島式ホーム2面4線にする予定だが、上り線（左）側は在来線と同一面のホームにすることで片面ホームとした。下り線側は島式ホームになっているが外側の線路は敷かれていない。現在は上り線側が乗車用、下り線側は降車用としている。下り線に到着した電車は一度車庫に引き上げて車内清掃してから上り乗車ホームに入線する

城岱山への道路から見た新函館北斗駅

も多い。

ともあれ、新函館北斗―札幌間は鋭意建設中で、令和12（2030）年度に開業する。

盛岡以北も320㎞に最高速度を向上する

盛岡以北の整備新幹線として開業区間を最高速度を320㎞にする工事が始まっている。八戸―新青森間で最高速度を260㎞から320㎞に上げた場合の短縮時間はわずか5分に過ぎない。新青森―新函館北斗間は海峡線との共用区間も含めて320㎞運転をすれば14分の短縮である。

260㎞運転から320㎞運転にするということは速度が60㎞に上がることである。また海峡線の最高速度は通常160㎞だから向上速度は160㎞となってこれでちょうど倍になる。

低速の時速100㎞から60㎞上げて160㎞走行にしたときは短縮効果は大きいが、整備新幹線の最高速度の260㎞から60㎞上げたとしても短縮効果は小さい。320㎞から380㎞に上げたとしても短縮効果はもっと小さくなる。次ページの図は走行距離100㎞の区間で速度と所要時間の関係を示したものである。

最高速度が100㎞のときの所要時間は60分、これを60㎞高い160㎞にすると20分短縮の40分になる。200㎞だと10分短縮して30分、260㎞だと6分短縮して24分になる。320㎞だと5分15秒短縮して18分45秒になる。速度低いときの最高速度の向上は大きく時間短縮するが、高くなればなるほど短縮時間は短くなる。

東北新幹線で目指している360㎞運転を連続して出している場合の所要時間は16分40秒、2分5秒の短縮にすぎない。リニアの最高速度500㎞の場合の所要時間は12分である。320㎞運転が18分45秒だから6分45秒の短縮に過ぎない。

とはいえノンストップ運転の走行距離が1000㎞の場合だと、それぞれの速度での所要時間は320㎞運転が3時間7分30秒、360㎞運転が2時間46分40秒、500㎞運転では2時間と大きく差が出てくる。

経験則（3時間説）でいうと鉄道で所要時間2時間30分であれば、航空機とのシェアは80％にもなる。2時間を切るとほぼ100％になる。

まさしく東海道新幹線の「のぞみ」の東京―新大阪間の所要時間は当初は2時間30分としてスタートした。東北新幹線の東京―仙台間は「スーパーやまびこ」（正式にはスーパーを冠しない「やまびこ」だが利用者からそう呼ばれていた）が郡山また福島にだけ停車して所要時間を1時間53分にした。これによって羽田―仙台間の空路は廃止されて、シェア率100％になった。

東北・北海道新幹線の東京―札幌間の実キロは1031・2㎞である。すべての区間で360㎞を出すわけにはいかず、大宮、仙台、盛岡、新青森に停車するだろうから、所要時間は3時間半程度になる。経験則から言って対航空機シェアは50％もいかない。リニアだと2時間半以下になりシェア率は80％以上になる。

反対に言うとリニア中央新幹線の品川―新大阪間が全通すると対航空機シェアはほぼ100％になるもののオーバースペックである。山陽新幹線と連絡すれば東京―岡山間が2時間圏内に入り、山陽新幹線で360㎞運転が実現すれば広島までが、2時間圏内に入るが乗り換えが必要で敬遠される。

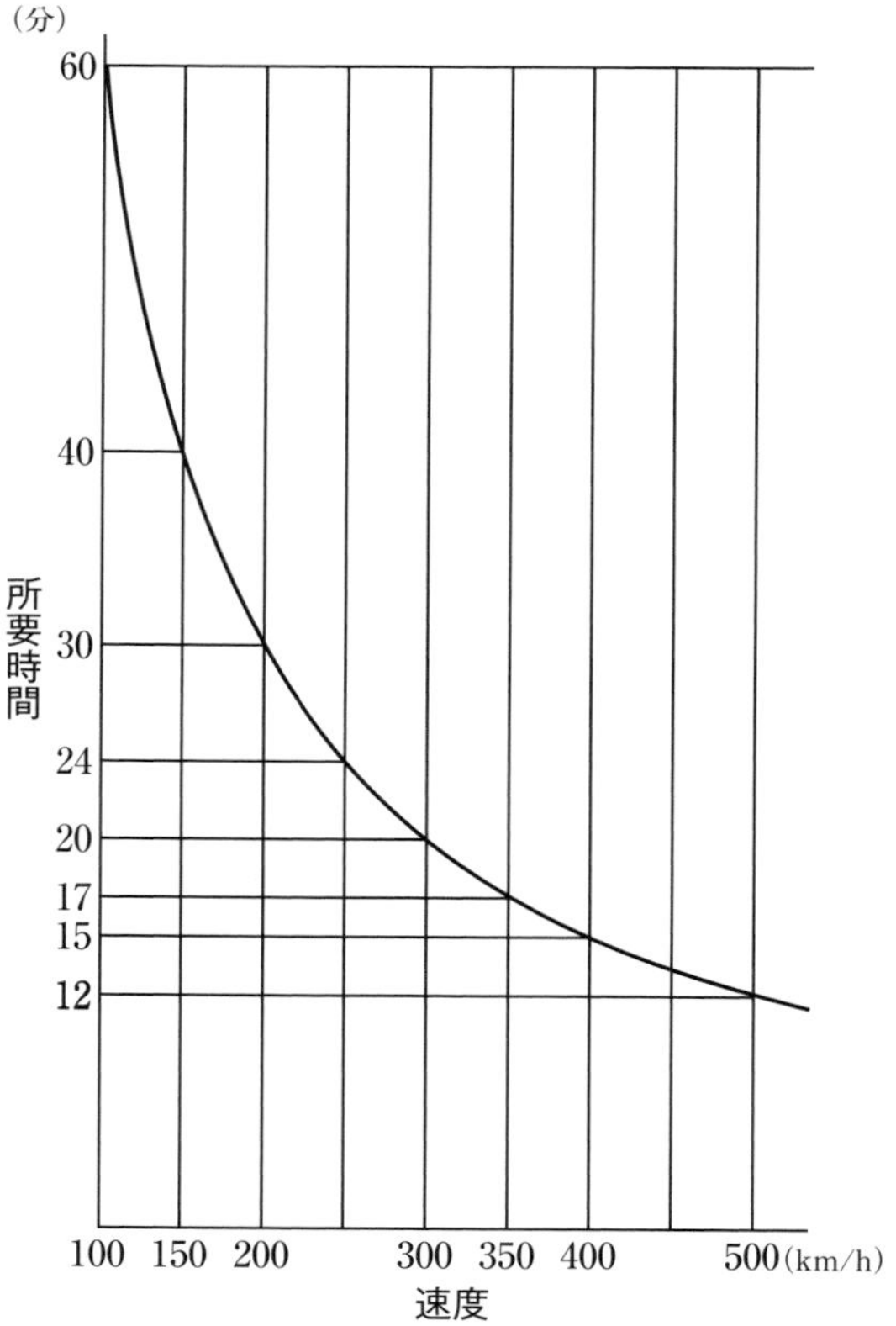

100㎞の距離を100㎞/hから500㎞/hまでの各速度で走った場合の各所要時間の関係図

リニアが威力を発揮するには新大阪—熊本間の延伸である。基本計画新幹線の四国新幹線新大阪—大分間と九州横断新幹線の大分—熊本間をリニアによって建設し、延伸区間の最高速度を600㎞に向上すれば、東京—熊本間の所要時間は2時間余りになる。

新函館北斗—札幌間

新函館北斗—札幌間の駅は新八雲、長万部、倶知安、新小樽である。新八雲駅は函館本線の西側、5㎞離れた春日地区に相対式ホーム2面2線の単独駅として設置される。八雲駅から離れているが、道央自動車道の八雲インターチェンジからは近い。現函館本線をフィーダー線とみなしておらず、利用客はマイカーやバスで新八雲駅に向かうことになる。

長万部駅は西側の留置線とその向こうの貨物ヤード跡に高架で島式ホーム2面4線が設置される。室蘭方面への乗り換え客が多く認められることから、室蘭方面の特急と乗り換えが簡単にできるように待避線は狭軌にして同じホームで乗り換えができるようにすればいいが、その考えは全くないようである。それならば新幹線の高架線の真下に特急用在来線ホームを設置するくらいはしてほしいものである。

北陸新幹線敦賀駅は高架の3階にホームが設置され、1階に在来線特急ホームが置かれて乗り換えを簡単にできるようにする。これと同じことをするのが望ましいところである。

倶知安駅は当初は西側の貨物ヤード跡に設置する予定だったが、長万部—余市間の函館本線は廃止することが決まったために現在のホームの位置に高架の相対式ホーム2面2線が設置される。

新小樽駅は函館本線南小樽駅の5㎞南側の札樽道のさらに南側あたりに相対式ホーム2面2線の高高架の単独駅として設置される。

新幹線札幌駅の位置はいろいろともめたが、現札幌駅の南側を一部通り抜けた創成川通り付近に駅の中心が置かれる。新幹線ホームの東京寄り端が西2丁目通りとなる。同通りの地下には地下鉄東豊線が南北に通っている。

乗降分離の相対式ホーム2面2線で駅の上にコンコースが置かれて在来線各ホームを跨ぐ新設の跨線橋と結ばれるので、乗り換えもしやすくなる。

苗穂工場あたりに車両基地が設置され、到着した電車は車両基地で折返整備をして乗車ホームに戻ることになる。

新函館北斗―札幌間は当初から320km運転を行う。このため新函館北斗―札幌間の所要時間はノンストップで46分になる。東京―札幌間は宇都宮―共用区間始点間と共用区間終点―札幌間で320km運転、共用区間で260km運転、宇都宮以南で240km運転とし、停車駅を大宮、仙台、盛岡、新青森、新函館北斗とした場合で4時間35分としている。新函館北斗通過ならば4時間30分である。

3時間説からすると対航空機シェアは20％以下になる。やはり360km運転がほしいところである。しかし、最小曲線半径4000mのところで360kmで走らせるためには車体を2・3度傾斜させなければならないし、盛岡以南ではカント量を155mmから200mmに嵩上げする必要がある。

これを実現させれば東京―札幌間は3時間30分程度になる。シェア率は50％台になる。それでも3時間30分もの時間でずっと座っているのは辛いものがある。そのこともあってグランクラスが設定されたが、そういつもグランクラスを利用するわけにはいかない人が多い。

昔のように食堂車がほしいところであり、さらにはラウンジルームもあれば、飛行機でずっと縛られて座っているよりは新幹線を選ぶ人も多くなろう。

なお、法律上の制約から260kmまでの設備は鉄道・運輸機構が建設を行い（うち3分の1は道と周辺自治体が出費）、320km運転のためのATC装置の追加や騒音対策の費用はJR北海道が支出する。といってもJR北海道の株は100％鉄道・運輸機構が持っているから書類上の話であって、現実には320km運転の費用は国が全額出費することには変わりがない。

長万部駅では右の留置線や貨物ヤード跡に新幹線駅が設置される

倶知安駅は左の空き地に新幹線駅を設置するとされていたが、函館本線の長万部―余市間が廃止されることになったので既存のホームの上に新幹線駅が設置される

北海道新幹線電車の函館乗り入れを

現在の北海道新幹線はそんなに利用されておらず赤字である。要因は新函館北斗駅が既存の函館駅から17・9km も離れていて時間がかかり、乗り換えになって面倒だからである。

函館本線を走る函館―新函館北斗間の「はこだてライナー」が運転されているが、五稜郭駅のみ停車の快速と各駅に停車する普通があり、快速で最速19分、普通で22分ほどかかる。しかも快速の運転本数は少なく、新函館北斗駅では東京方面上り新幹線電車とは同一平面で乗り換えができるが、下り新幹線電車からは2階にあるコンコースを経由しなければならない。さらにロングシートの通勤タイプの車両を使っているのでサービス的に一段落ちる。

かつての「人にやさしい鉄道研究会」が想定していた木古内方面から函館中心部を通って、さらに現在の新函館北斗駅に達する枝線の建設がなされればよかった。

東京と札幌の両方面から函館中心部に行くのに非常に便利になる。函館―新函館北斗間の函館本線にはトンネルはまったくなく、長い橋梁もない。フル規格の新幹線電車を走らせるように改築しても、費用はさほど掛からない。このため同区間をフル規格新幹線に改築することが検討されはじめている。

東京方面からはスイッチバックになるので、北海道新幹線

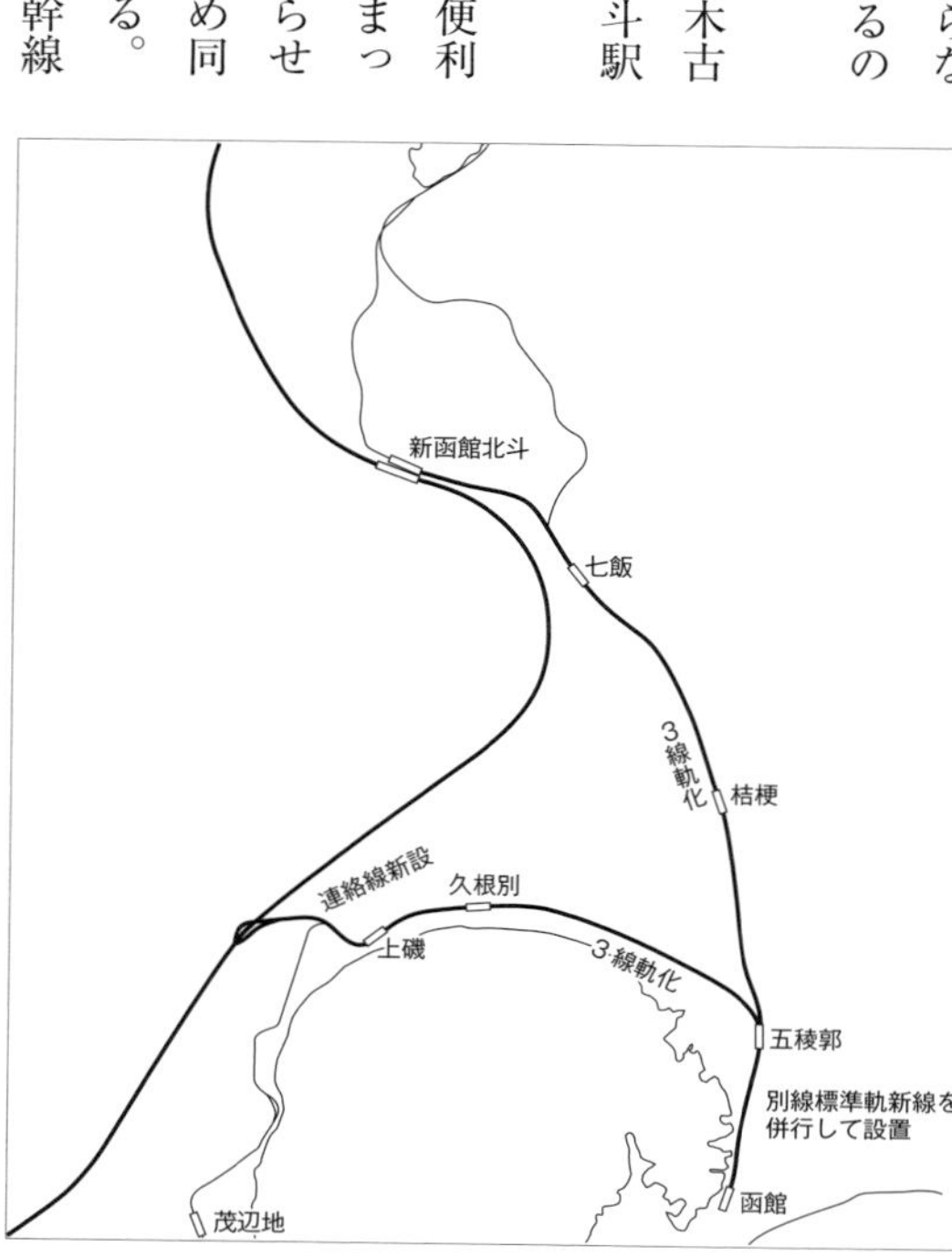

函館駅乗り入れ案

の木古内寄りの明かり区間から、元江差線、現在の道南いさりび鉄道の上磯駅までの連絡線をつくり、上磯―五稜郭間のフル規格新幹線直通用に改造して東京方向からもスイッチバックなしで乗り入れればいい。ただし東京方面から札幌方面までの函館駅経由の新幹線電車はスイッチバックすることになる。

それは無理と思われがちだが、スペインの高速新線(注24)であるバルセロナ線バルセロナ・サンタ―マドリート・アトーチャ間の途中駅であるサラゴラ・デリシアス駅とリエイダ駅は高速新線本線から離れた在来線に駅が置かれている。通過列車は高速新線経由であり、サラゴラ・デリシアス駅とリエイダ駅に停車する列車は新しく造られた連絡線を通る。連絡線も高速新線であり、在来線とは別物である。同駅に停車する列車はノンストップのいわば特急に追い抜かれることもある。函館駅列車はこれと同じようにすればいい。

スペインの在来線は広軌１６６８㎜、高速新線は標準軌１４３５㎜なので、そのままでは直通運転はできない。日本では不人気だったフリーゲージトレイン、軌間可変列車の高速新線走行用の車両をすでに実用化しており、これを多用するとともに、オーレンセ―サンチャゴ・デ・コンポステラ間の高速新線コンポステラ線は既存の高速新線が延伸してくるまでは広軌線になっていて、在来線列車も乗り入れ可能にしていた。

同線に乗り入れていた高速列車はマドリート・チャマルティン―バリャリード間の高速新線のバリャリード線の大半を通って、途中からメディーナ・デル・カンポ駅への分岐線を通り、同駅で標準軌から広軌に変換して在来線を走る。そしてオーレンセ駅から再び高速新線のコンポステラ線に入るが、軌間変換の速度は25㎞と遅いので時

注24：ヨーロッパの高速鉄道では英語でHigh Speed New lineという。日本語に訳すと高速新線であり、けしてShinkansenとは言わない。これは日本に先に新幹線を造られたことに対してやっかんだフランスが名付けたものである。

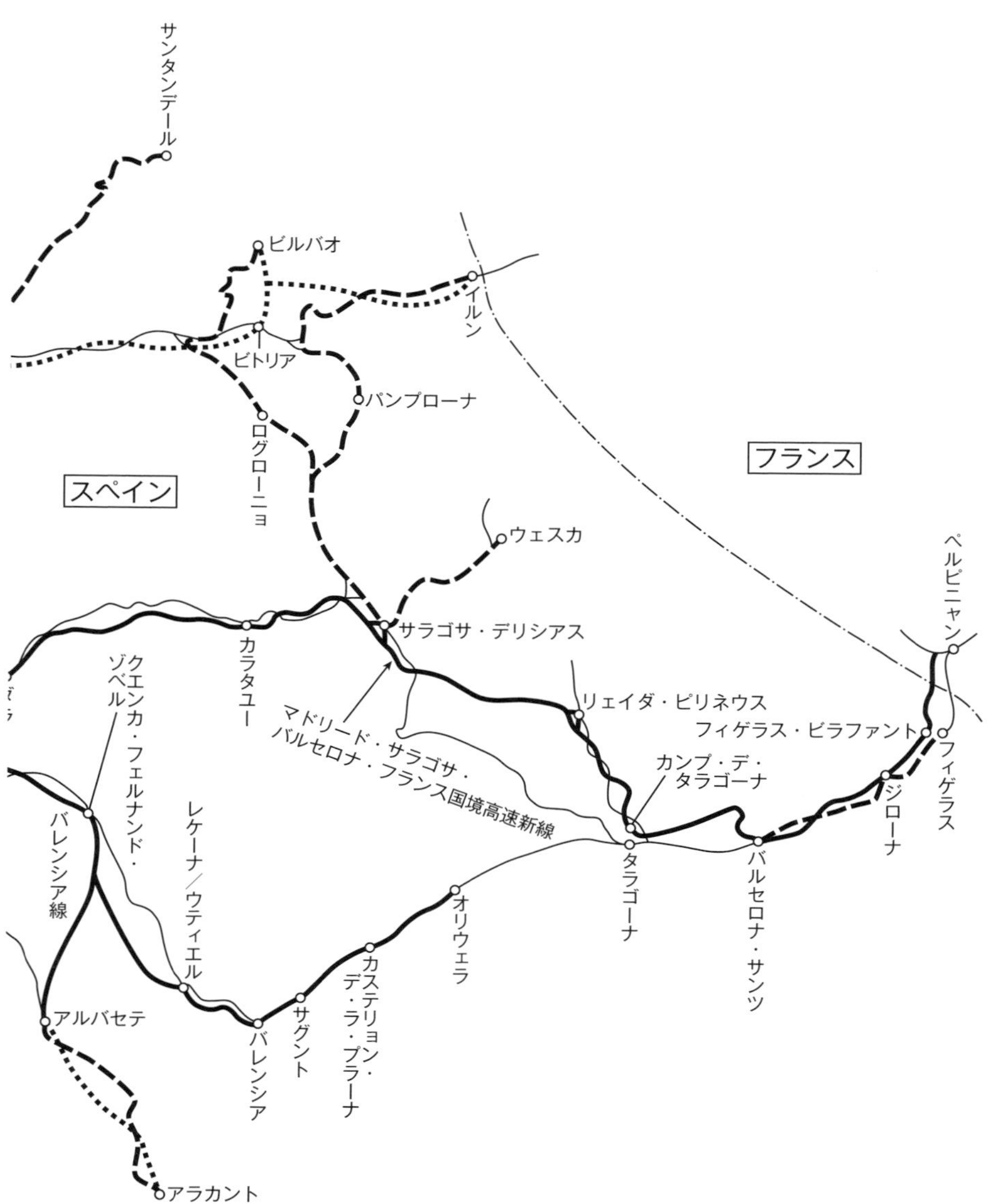

サンタンデール
ビルバオ
イルン
ビトリア
パンプローナ
ログローニョ
フランス
スペイン
ウェスカ
ペルピニャン
サラゴサ・デリシアス
カラタユー
クエンカ・フェルナンド・ゾベル
リェイダ・ピリネウス
フィゲラス・ビラファント
フィゲラス
マドリード・サラゴサ・バルセロナ・フランス国境高速新線
カンプ・デ・タラゴーナ
ジローナ
バレンシア線
レケーナ／ウティエル
タラゴーナ
バルセロナ・サンツ
オリウェラ
カステリョン・デ・ラ・プラーナ
アルバセテ
サグント
バレンシア
アラカント

スペイン高速新線
ア・コルーニャ
サンティアゴ・デ・コンポステラ
コンポステラ線
ラ・ビーゴ
オーレンセ
ポラ・デ・レナ
ラ・ロブラ
ポンフェラーダ
レオン
サナブリア
直通中止
パレンシア
サモラ
バリャドリッド
メディーナ・デル・カンポ
セゴービア・ギオマール
バリャドリード線
マドリード
グアダラハラ
高速新線
Alvia と Alta 軌間変換車両による在来線直通区間
高速新線建設中および計画区間
ポルトガル
プラセンシア
トレド
カセレス
バダオス
セビーリャ線
シウダー・レアル
プエルトリャーノ
ウェルバ
セビーリャ
コルドバ
カディス
マラガ
グラナダ

バルセロナ郊外の在来線に残っている外軌共用3線軌

セビーリャ線のコルドバ駅は在来線ホームを標準軌化して高速新線列車（左）が乗り入れている。右端は在来線ホームである。その隣の標準軌の高速新線線路よりも幅が広い広軌になっているのがわかる。スペインの高速新線はかつて爆破テロにあったために荷物検査をするので自由に入れないが、在来線ホームは自由に入れる

バリャドリード駅の在来線側から見た高速新線列車。手前の線路とともに標準軌。そのもっと手前は広軌

広軌から標準軌に変換しようとしている軌間変換列車S130系。手前が軌間変換装置CSR2形

サラゴサ・デリシアス停車の高速新線分岐線から見た同駅のマドリード寄り。奥の列車は在来線普通

間がかかる。そのため軌間変換をせずに高速新線に入れるよう、ここの高速新線は広軌にしていたのである。

これはちょうど日本の旧運輸省案のスーパー特急方式、つまり新幹線規格新線である。さらに都心駅のバルセロナ・サンツ駅までの地下の高速新線が開通していなかったときには、在来線を広軌・標準軌併用の3線軌にして在来線経由でサンツ駅へ乗り入れていた。これも日本の新幹線直通線と同じ考え方を先に実現させて、早期にとりあえず開業させたのである。

スペインで行っているのなら日本でも行ってもいいはずである。整備新幹線においてミニ新幹線やスーパー特急方式を拒否してフル規格新幹線にこだわっているということは、あまりにも新幹線は別物という考えが日本では強すぎるということである。あまりにもフル規格にこだわったために札幌駅まで北海道新幹線が札幌駅まで開通するのは２０３０年になる。

旧運輸省案の新幹線直通線や新幹線規格新線、そしてフル規格である標準軌新線を混ぜ合わせて建設していれば、すでに札幌駅まで新幹線電車が乗り入れていたかもしれない。そして開通後に新幹線規格新線は標準軌化し、新幹線直通線と並行してフル規格の標準軌新線を造って、最終的に全区間フル規格にしてしまうのである。

そうしていればよかったが、地元は新幹線直通線と新幹線規格新線だけ造って、これが恒久的になってしまうことを恐れたのである。しかし、スペインの大幹線である高速新線のバルセロナ線は早期に開通し、その後、フル規格化した。そのまま在来線で直通してもいいではないかという意見もあったが、バルセロナから延伸してフランスの高速新線と結んでパリからスペイン国内を結ぶ高速新線をその後開通させた。バルセロナからジローナ駅まで高速新線ができたとき、ジローナ駅から国境にあるフィゲラス・ビラファント駅までは軌間変換電車を使用した快速が運転されていた。このときはフランス側のペルピニャン駅からスペインのフィゲラス・ビラファント駅まではフランスの高速新線ができており、フランスＴＧＶがパリからスペインのフィゲラス・ビラファント駅までフランス国内で一部在来線（フランスは在来線も標準軌）を通って直通していた。そしてスペイン側も高速新線を建設してフランスＴＧＶと直通運転をするようになった。

日本でいう新幹線規格新線のコンポステーラ線もメディーナ・デル・カンポ駅から高速新線が延長されたので広軌から標準軌に改軌された。また、マドリード近くの古都トレドへの在来線は広軌から標準軌に改軌されて高速新線のマラガ線と接続、一部区間を高速化しトレド線として高速新線網に含めた。

さしずめ日光線を標準軌化して、東北新幹線の宇都宮駅から新幹線電車がJR日光駅に乗り入れたようなものである。トレド線はトレド駅からポルトガル国境近くまで高速新線が建設中で、ポルトガル国境近くの一部区間は広軌の高速新線として開通している。

日本でも最終的にはフル規格にするという意思さえ強ければ、暫定整備案のまま固定化されることはなかったといえる。運輸省案による暫定整備計画を進めて、その後にフル規格新幹線が完成したとすると、東北本線の北盛岡信号場—北沼宮内信号場間、南八戸信号場—青森間は3線軌のまま残ることになる。

このとき北盛岡信号場からミニ新幹線電車が在来線に乗り入れを存続したとすると、新幹線駅ができなかった一戸駅や三戸駅にも新幹線直通電車の恩恵を受ける。南八戸信号場から在来線に入って青森駅までも同信号場からミニ新幹線電車がやはり乗り入れるので、三沢や野辺地、浅虫温泉、そして青森駅から乗り換えなし手東京方面の直通電車が走って便利になる。

それに在来線は東北新幹線の迂回線として機能するから、東北新幹線が何らかの原因で不通になっても、在来線回りで直通電車が走るから、現在のように完全ストップにはならない。

北海道新幹線においても暫定整備を先に進め、こちらはフル規格新幹線電車が江差線上磯駅への連絡線が早期に開通して函館駅に乗り入れ、そのあとからフル規格新幹線を整備したとする。その場合は函館停車だけが函館駅に乗り入れ、函館駅通過のフル規格新幹線電車は素通りするから新函館北斗駅は造られなかっただろう。

フル規格新幹線開業後、札幌駅から函館の中心部に行くのに新函館北斗駅で乗り換えるのは不便だとの声が大きく、新函館北斗駅から函館駅への函館本線を改築してフル規格電車が函館駅に乗り入れることができるように改築すべきという意見がでてきており、それをやろうと北海道道庁も動き出しているが、暫定整備計画を先に進めて上磯—函館—新函館北斗間をフル規格電車が乗り入れるようにしていればそれですんだのである。

さらに長万部駅まで先にフル規格で建設して、室蘭本線、千歳線を3線軌化してミニ新幹線電車が早期に札幌駅まで直通したし、さらに旭川駅まで乗り入れることもできただろう。

いつまでもフル規格だけにこだわったがために、北海道新幹線について基本計画が決定した1971年から60年経った2030年度末、つまり2031年3月に全通するということになってしまっている。

1971年に生まれた人が定年を迎える時期に達して全通するというのは、なんとも悠長な話でしかないと言えよう。スペインのように、まずは暫定整備を進め、次にフル規格化すれば暫定整備時は所要時間がかかっても早期に東京―札幌間が新幹線電車ですでに結ばれていたといえる。

首都圏の新幹線用地――上越新幹線新宿―大宮間

上越新幹線はまだ全通していない

上越新幹線は大宮―新潟間が開通しているが、もともとの計画は新宿―新潟間である。建設時に、当面の需要をかんがみると大宮駅で東北新幹線と接続して直通すれば充分、ということであったために着工はされなかったが、新宿駅まで延長するときのために、あらかじめ建設されている設備や用地がある。

すぐわかるものがいくつかある。大宮駅の北側にある東北新幹線と上越新幹線との立体交差準備設備がそうだし、大宮駅から荒川橋梁付近まで東北新幹線と埼京線の両側にずっと続く空地も上越新幹線用地である。

また、都心部でもそれを想定しているところがある。都営地下鉄12号線の環状部の北新宿付近の建設時の縦断面図を見ると新幹線の交差個所が書き込まれている。この新幹線が上越新幹線である。これは最新の縦断面図では削除されているが、当初のものにはあった。さらに、西武鉄道新宿線で計画されていた現在線の直下につくる地下線増線の縦断面図でも、高田馬場付近で新幹線と交差することが描かれている。

上越新幹線の大宮以南では、計画としては生きているのである。

現状では大宮以南は東北新幹線に直通することで問題はないが、今後、北陸新幹線の延伸や北海道新幹線札幌延伸が実現すれば、東北新幹線の東京―大宮間だけではさばききれなくなる。

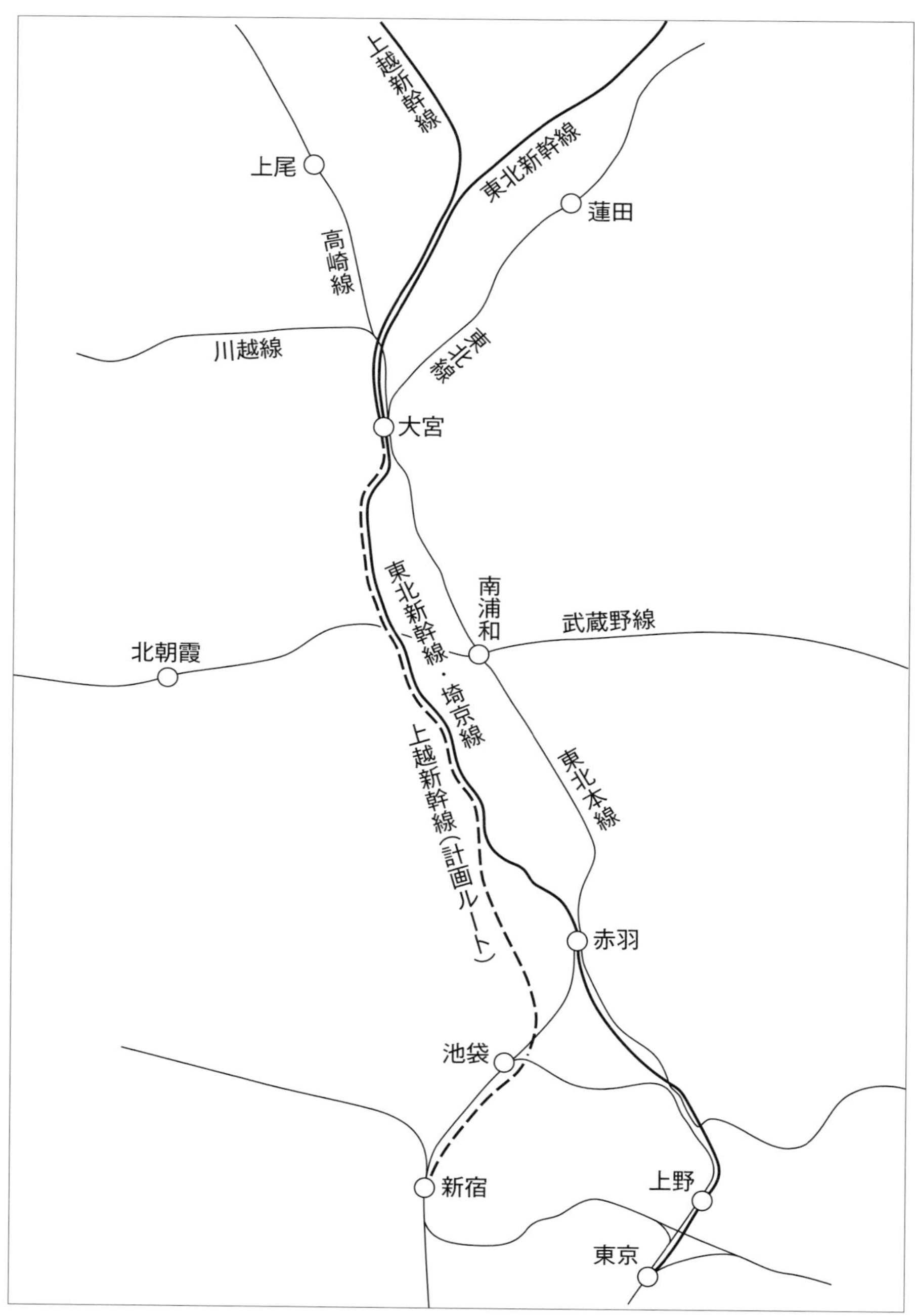
上越新幹線
東北新幹線
上尾
蓮田
高崎線
川越線
東北線
大宮
東北新幹線・埼京線
南浦和
武蔵野線
北朝霞
上越新幹線（計画ルート）
東北本線
赤羽
池袋
新宿
上野
東京

大宮付近の設備と用地

下り東北新幹線に乗って大宮駅を出てしばらくすると、複々線のうち外側（西側）を走っている上越新幹線下り線がさらに外側に広がって、その間にもう1線ぶんの線路の空間があることに気づく。これはたとえば大宮駅で18番線と17番線に停車している電車が同時発車して、18番線を発車した電車が東北新幹線方面へ、17番線の電車が上越新幹線方面へ行く場合でも、支障なく走れるように立体交差をするためのものである。

新幹線と並行する埼玉新都市交通（ニューシャトル）の丸山駅が上越新幹線の高架下になっているのは、車庫への入出庫のためだけでなく、前記の立体交差した線路が上越新幹線に合流するのを妨がないためである。

さらにニューシャトルの丸山駅以南から吉野原駅付近までの東北新幹線と並行する上り線の外側（東側）に空地があるが、これも立体交差線の用地であり、ニューシャトルの上り線はこの用地に移設して、現ニューシャトルの橋脚の上に東北新幹線上り線から分かれた接続線の桁に載せ換えて上越新幹線上り線につなげる。

本書の元になった1996年版『幻の鉄路を追う』では、ニューシャトルの上り線が大成（現鉄道博物館）―加茂宮間で、少しの区間だけ新幹線の下を通っているのは、ニューシャトルの外側を並行する予定の東北新幹線の上り連絡線がここで上越新幹線に合流する。そのためにニューシャトルが東北新幹線の下をくぐっ

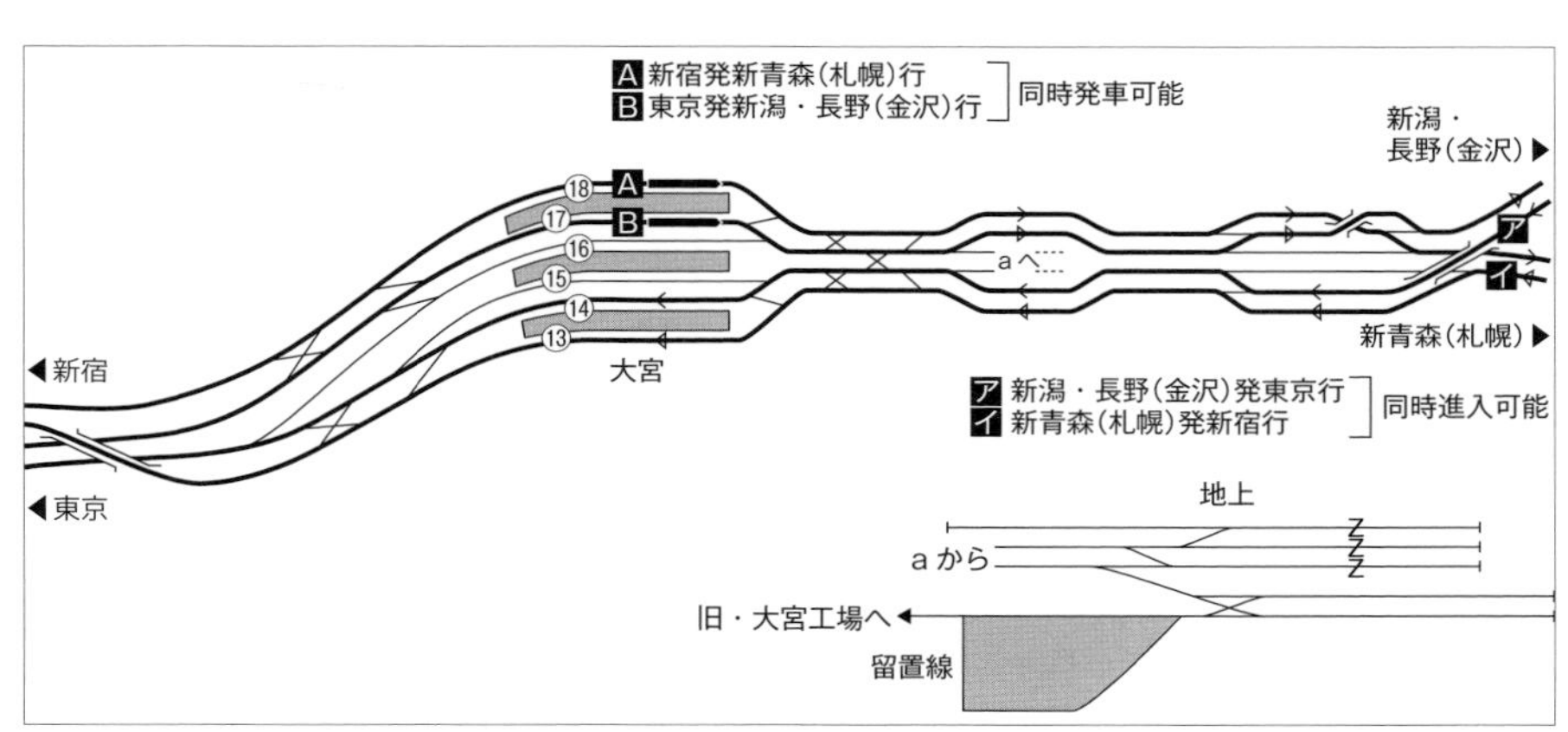

ニューシャトルから見た立体交差準備施設始点。奥にニューシャトルの吉野原駅がある

同・終点。奥のニューシャトルの駅は原市。右側で上越新幹線の上り線が高くなっているのが見える

同・両新幹線下り線の間を地上から見る

ニューシャトルの上り線から新幹線下り線の立体交差準備施設の終点寄りを見る

ているとした。

しかし後日、ニューシャトルの建設に関わった方から「ここで東北新幹線の下をくぐっているのは、電電公社（現NTT）の通信機器が入るビルを避けたためだ。通信機器などが入っているビルは簡単には移設できない、東北新幹線の上越新幹線への接続線は吉野原駅の手前で合流する」と教えていただいた。そして前述のように現在のニューシャトルの桁の下の橋脚は東北新幹線接続線の桁に載せ替えるために頑丈にできていると付け加えられた。

大宮駅の南部では、上越新幹線が外側を走る形の複々線で進むが、埼京線が合流する手前（北側）から上越新幹線上り線は東北新幹線と立体交差して西側に移ることになり、そのための準備もなされている。

ここからは埼京線・東北新幹線の両側に幅広い用地がずっと戸田公園駅まで続いている。これが上越新幹線の用地である。この土地は国鉄清算事業団には承継されず、JR東日本が承継している。ジェイアール東日本都市開発が管理して、一部は公共用地に売却されたが、ほとんどはそのまま残っている。

この用地は騒音等の緩衝のためだと沿線地元との取り決

丸山駅は東北・上越新幹線の高架下にある

加茂宮→鉄道博物館間にあるNTTのビルを避けるようにニューシャトルの上り線は上越新幹線の上り線の下を通っている

上越新幹線上り線が東北新幹線を越える立体交差部分。下をニューシャトルの上り線がくぐるが、その上の橋脚は東北新幹線の路盤と同一面になっている。ここに東北新幹線から上越新幹線への接続線が敷かれ、ニューシャトルを左に移設して、新幹線接続線が設置される

最上部の上越新幹線上り線が東北新幹線上下線を乗り越して東北新幹線の外側で並行し、その隣にニューシャトルが高架で並行する。写真のニューシャトルの先頭車の下あたりの橋脚から東北新幹線上り線から上越新幹線への接続線の桁が載ることになる

ニューシャトルが載っている橋脚は東北新幹線接続線に載せ換えてもいいように上部の上越新幹線の橋脚と一体になっている

ニューシャトルは左に移設され、現在のニューシャトルの路盤に新幹線接続線が設置される

ニューシャトルの上り電車から見た東北新幹線。ニューシャトルは右側に移設されて東北新幹線から同一面で分かれた接続線に載せ換えられる

ニューシャトルを移設するための用地が左側に用意されている

上越新幹線上り線が東北新幹線上り線と同一平面になると新幹線接続線は上越新幹線上り本線と接続する。接続した先の大宮寄りでは現在と同じニューシャトルの上り線が並行する

上越新幹線と接続線が並行する区間のニューシャトルの橋脚も将来は新幹線接続線にとって換わられる上越新幹線上り線の橋脚と一体になっている

ニューシャトルの原市駅手前あたりから内宿方を見る。この付近で新幹線接続線は上越新幹線上り線と接続する。隣の上越新幹線上り線は奥に向かって高くなっている。右側にニューシャトル移設用地がある

めで設置されたものだが、現在の東北新幹線と埼京線との複々線線路の両側にそれぞれ1線を張り付けても、まだ緩衝地帯としての役目を果たせるために十分な幅を持たせていると、当時の運輸省の方から教えていただいた。

上越新幹線の用地は並行する埼京線の戸田公園駅の手前あたりでなくなっている。この先のルートはいろいろ調べたけれどもわからずじまいだったが、推察すると戸田公園駅の手前で地下に潜り、荒川を地下でくぐってから国道17号沿いにその地下を通る。途中から都営地下鉄三田線と並行して、板橋区役所前駅の先あたりで三田線と分かれ、東武東上線の近くを通り北池袋駅付近で赤羽線（の地下）と合流すると考えられる。

ここからははっきりしている。赤羽線の東側の地下を走り、池袋駅からは山手貨物線の下を通って新宿駅に達するのである。新宿駅では中央新幹線（リニアではなくフル規格新幹線）と直交、東海道新幹線の分岐線と接続する構想もあった。

しかし、これはすべて夢のまた夢となってしまった。

新幹線大宮駅の北側で両新幹線の上り線と下り線の間が空いている。ここから予定されていた車両基地への引上線が地上に降りていくつもりで国鉄時代に造られていた。右側の空き地は現在鉄道博物館になっているが、ここが車両基地（主として東海道新幹線用）を置き、多くの東海道新幹線電車が大宮駅まで運転される予定だった。両外側の上越新幹線の両側からも入出庫線が設置できるように、上下のニューシャトルの軌道が一段低くなっている

ニューシャトル下り線の大成（現鉄道博物館）駅は新幹線の外側からの入出庫線が上越新幹線下り線に接続するため一段下がっている

同・上り線の大成駅。上を入出庫線が通れるようにニューシャトルは下がっている。下の空き地に新幹線車庫が設置される予定だったが、現在は鉄道博物館の建屋などが建っている

下から見た上下線の空間。地上に降りた入出庫線は右斜めに曲がって引上線が設置され、折り返して車両基地に入庫するつもりだった。そのために高架橋に空間が設けられている。現在のこの地上付近は鉄道博物館の入口広場になっている

新幹線大宮駅から東京方を見る。両端の上越新幹線上下線は東北新幹線に合流しているが、まっすぐ伸ばして上り線は東北新幹線を乗り越して新宿に向かうつもりだった

首都圏の新幹線用地——上越新幹線新宿—大宮間

白い煙突付近で新宿方面への路盤は止まっているが、そのまま路盤を伸ばせるように橋脚の路盤面が伸びているのがわかる

大宮の東京方すぐには上越新幹線上り線の桁が置ける用意がしてある

大宮東京方　上が東北新幹線、下が埼京線　当初は上越新幹線の上り線は下を立体交差するつもりだったが埼京線ができたために上を立体交差する　鉄桁はそのためのもの

大宮駅以南、赤羽駅手前付近まで東北新幹線の東側に続く幅の広い空き地。戸田駅付近にて

同、埼京線の西側も幅の広い空き地が広がっている。西側の空き地に上越新幹線の上り線、東側の空き地に同下り線を設置してもまだ充分緩衝地帯としての空き地は残るので木々を植えて緑地帯にすればいいと思われる

空き地にはJR東日本所有の旨の看板が置かれている

直上高架で新宿まで延長を

当初計画のままでは、戸田公園以南での地下線建設に莫大な費用がかかるから大変である。それでも一部列車を新宿方面に走らせなければ、東北新幹線だけで大宮以北の列車を受けるのは問題がある。東京駅の東北新幹線ホームはまもなく2面4線になるが（1996年時点、2面4線化は1997年10月）、それだけでこれらの多くの列車を折り返すことはできない。だから、大宮折り返しが設定されたり、上野折り返しが増やされたりすることになるが、それでは不便である。

ガス抜きに、秋田・山形の両ミニ新幹線電車を大宮駅から標準軌・狭軌併用の3線軌化、つまり新幹線直通線化した埼京線に乗り入れさせて、新宿駅まで走らせることはできる。さらに山手貨物線(注25)を経由して横浜駅や小田原駅から発着させることは可能である。しかし、埼京線とて線路容量が一杯であり、とくにラッシュ時にミニ新幹線を走らせる余裕はない。とりあえずの緊急避難策として一部のミニ新幹線電車を埼京線に乗り入れさせることはできても、根本的には解決しない。

しかし、赤羽線区間を除く埼京線をフル規格新幹線電車が走れるようにし、埼京線電車もフル規格新幹線電車と同じ大きさの通勤電車を走らせれば1両あたりの定員は大幅に増える。新幹線電車が走っても、埼京線の輸送力は少なくなるどころか大幅に増える。そして赤羽付近から新宿駅までの地下線を建設して新幹線電車と埼京線電車を混在して走らせる。そういう方法も考えられる。

注25：山手旅客線と田端接続点—品川間で並行している貨物用線路。現在は主として埼京線電車や湘南新宿ライン、成田エクスプレスなどが走っている。かつては貨物専用線と使用されていたが、ときおり臨時旅客列車が運転されていた。現在もときおり貨物列車が走っている。

大宮駅から、東北新幹線と並行して荒川まではなんとか建設は可能である。そこで荒川河川敷に沿って東へ進んだのち、東北本線と並行して赤羽駅に至る上越新幹線用の新線をつくり、赤羽駅から埼京線（赤羽線・山手貨物線）の直上を高架線で新宿に達せればいい。新宿ターミナルは新宿—代々木間の貨物ヤード(注26)の上につくれば、費用は軽減できる。直上高架は難工事ではあるが、それが一番の早道である。このとき赤羽や池袋に駅を設けても便利である。

大宮北部の立体交差は計画どおり建設して、新宿駅から上越方面、東北方面両方へ利用できるようになると、相当に便利である。

新宿駅の重要性はとみに増している。上越新幹線の新宿乗り入れを実現してほしいものである。

鉄道大宮以南のルートについては種々の考え方があって どれにしようとしていたかははっきりしていない

1996年版『幻の鉄路を追う』の刊行後読者から、埼京線と東北新幹線の両側にある緩衝緑道は地元との折衝であくまで緑道のままにするとの合意があっから、ここに上越新幹線の線路を設置するのは誤りだとの指摘があった。

しかし、この緩衝緑道を上越新幹線にするという情報は、先述したように旧運輸省のある幹部のかたから聞いたものなので、おそらくは間違いないことだったと思う。

他の関係者からは今の埼京線そのものが上越新幹線用として用地を確保したものが、地元の反対運動を鎮静化させるために通勤新線、すなわち埼京線に転用した。そして

注26：現在の新宿駅の1～6番線になっている甲州街道跨線橋南側付近に貨物駅と着発線があった。

注27：山手貨物線の田端駅の池袋・新宿寄り接続点から大宮駅まで京浜東北線上中里付近と東北本線旅客線に沿った貨物線。湘南新宿ラインなどが頻繁に走っている。

将来、上越新幹線の新宿延長が必要になったときに備えて緩衝緑道を確保しているとのことだった。

とはいえ、地元の合意を無視するわけにはいかないので、東北新幹線と埼京線の直上に上越新幹線の高架橋を設置するとか、いや地下に設置するとか、あるいは埼京線に転用したために東北貨物線を上越新幹線に転用するとかの話もあった[注27]が、これも湘南新宿ラインの運転開始で転用できなくなったとの話も他の人から聞いた。

上越新幹線の新宿ターミナルの位置と大宮北方の上り線の立体交差構造

上越新幹線新宿ターミナルの位置は新宿貨物ヤード地下とされているが、では具体的にどのような構造にしようとしているのかは、はっきりわからなかった。

そんなおり、渋谷区の区議会関係者から耳寄りな話が舞い込んできた。それは埼京線電車や湘南新宿ラインが頻繁に走るようになった山手貨物線の代々木駅付近にある、開かずの踏切の除去のために、渋谷区議会が運輸省に対して要望をすると、運輸省からは、「ここの地下の新宿寄りに新幹線が通ることになっているから地下化はできない。急勾配にすればやれないことはないが、貨物列車が走るために無理だ」という返答を受けたとのことである。

また、東京都の元職員の方から、バスタ新宿の建屋は簡易にできていることから、この地下に上越新幹線のホームが設置されること、都営新宿線が地下を通っているが、上越新幹線のホームを避けるために深い地下線にしたこと、しかも単線シールドトンネルとして上下線を離しているのも、上を通ることになる上越新幹線のホームの工事をしやすくし、さらに上を通る上越新幹線のホームの荷重に耐えられる構造にしていること、都営新宿線（京王新線）の地下1階コンコースの小田急寄りに不自然に高くした行止りスペースあるのは、この奥にできる予定の上越新幹線のコンコースに行けるようにするためだという話も聞いた。

しかし、新宿―大宮間の上越新幹線の建設は莫大な費用がかかり、その費用は国も東京都も、ましてJRも捻出できない。

北陸新幹線の金沢延伸で東北新幹線東京駅の島式ホーム2面4線だけでは足りなくなる恐れがあるとされていた。現在、敦賀まで建設中で、福井駅が東海道新幹線経由と北陸新幹線経由とほぼ同等の所要時間の境目になろう。途中の工業都市小松駅や加賀温泉駅、芦原温泉駅などは乗り換える必要がない北陸新幹線を利用するほうが多くなる。

現在は島式ホーム2面4線の上野駅の副本線での車内清掃や不定期列車の折り返しを加えて、なんとか対応できているが、繁忙期に運転される不定期列車に関しては大宮折り返しを一部行っている。敦賀駅まで延伸されると東京駅の折り返し能力はパンクする恐れがある。

大宮駅は島式ホーム3面6線にしていて、中央の15、16番線に面した島式ホームで折返電車が発着できるようにしているが、今はこのホームからの発着はほとんどない。

敦賀延伸後は定期列車についても同ホームで折り返す電車が出現するかもしれない。しかし、東京方面からは米原駅で乗り換えて、さらに敦賀駅でも乗り換える。しかも敦賀駅では一度、下のコンコースを経由するので面倒である。

同駅折返電車は同駅から利用する人や在来線からの乗継用ということになる。ということは埼京線と直通する八王子（高尾）—大宮間の「むさしの」号と新習志野（海浜幕張）—大宮間の「しもうさ」号を再び快速に戻して頻繁運転するのがいい。快速化した「むさしの」号の停車駅は立川、新秋津、東所沢、北朝霞とし、島式ホーム2面4線になっている東所沢駅で武蔵野線各停と緩急接続をする。「しもうさ」号は新習志野、南船橋、西船橋、東松戸、新八柱、新松戸、南流山、南越谷、東川口、南浦和とし、東浦和駅で中線の貨物着発線を通って同駅で各停を追い抜く。そうすると東京寄りの快速通過駅からは東川口駅で「しもうさ」号に乗り換えることができる。

これによって大宮始発の新幹線電車に乗りやすくなるエリアがぐっと増えることになる。だからこれら快速の車両は旅行者用に4扉転換クロスシートにするのが望ましいところである。

輸送力増強への準備――西武鉄道飯能短絡線

スイッチバックの解消が目的

西武鉄道池袋線飯能駅の手前、複線から単線になるところが笠縫信号所であった。(注28)ここから右に分岐して、東飯能駅へ向かう複線敷用地がある。これが飯能短絡線で、一時期には少しだけレールも敷かれた。短絡線の距離は１㎞であり、今は飯能駅でスイッチバックをしているが、短絡線を経由すれば5分程度は短縮する。

昭和44（１９６９）年に西武秩父線が開通したとき、将来の輸送量増加に備えて飯能―東飯能間に短絡線の認可を受けた。この短絡線はとくに貨物列車が苦手な飯能駅でのスイッチバックを解消するためのものである。貨物列車が方向転換するとき機回線を通って機関車の連結位置を逆にする必要があるからである。

また、東飯能駅は飯能市役所が近く、国鉄も駅前に広大な用地を取得して、駅前を開発するつもりだったので、西武でもここにターミナルを置くことも考えられていた。そこで所沢以遠の複線化は飯能手前の笠縫信号所までとし、その先は短絡線経由とすることにしていたのである。

しかし、その後貨物輸送は停滞し、平成８（１９９６）年には貨物運輸は全廃された。東飯能駅前の開発も進まなかった。西武は飯能東北部の日高に飯能日高ニュータ

注28：現在は飯能駅まで複線化されて笠縫信号所は平成10年に廃止。

ウンを開発、その地続きの武蔵が丘ニュータウンを開発している。当初は、武蔵が丘ニュータウンの開発規模は大きく、武蔵丘(むさしがおか)信号所付近に新駅を設けることになっていた。こうなると飯能以遠の輸送力が必要となり、短絡線も必要となると考えられた。だが、武蔵が丘ニュータウンの規模が縮小されたために、新駅の建設も一時中止、短絡線も放置されたままになっている。

また、東飯能駅の南側で国道299号が西武池袋線、JR八高線と平面交差していて、この付近で渋滞する。それに短絡線が加わると、さらに渋滞に拍車をかける。このようなこともあって、線路を敷くに至っていないのである。(注29)

短絡線の建設は中止となったわけでないが、飯能以遠でよほど大きな集客設備ができない限り不要なものである。武蔵が丘ニュータウンに続いて、大型団地ができたり、なにか大型の行楽施設ができたり、とんでもない話だが昔からうわさされている小鹿野(おがの)から軽井沢までの新線あるいは八ヶ岳までの新線がつくられない限りできないということである。こういうことで情勢を見守っている状況である。

注29：平成8年当時は飯能付近の299号バイパスが完成していなかった。

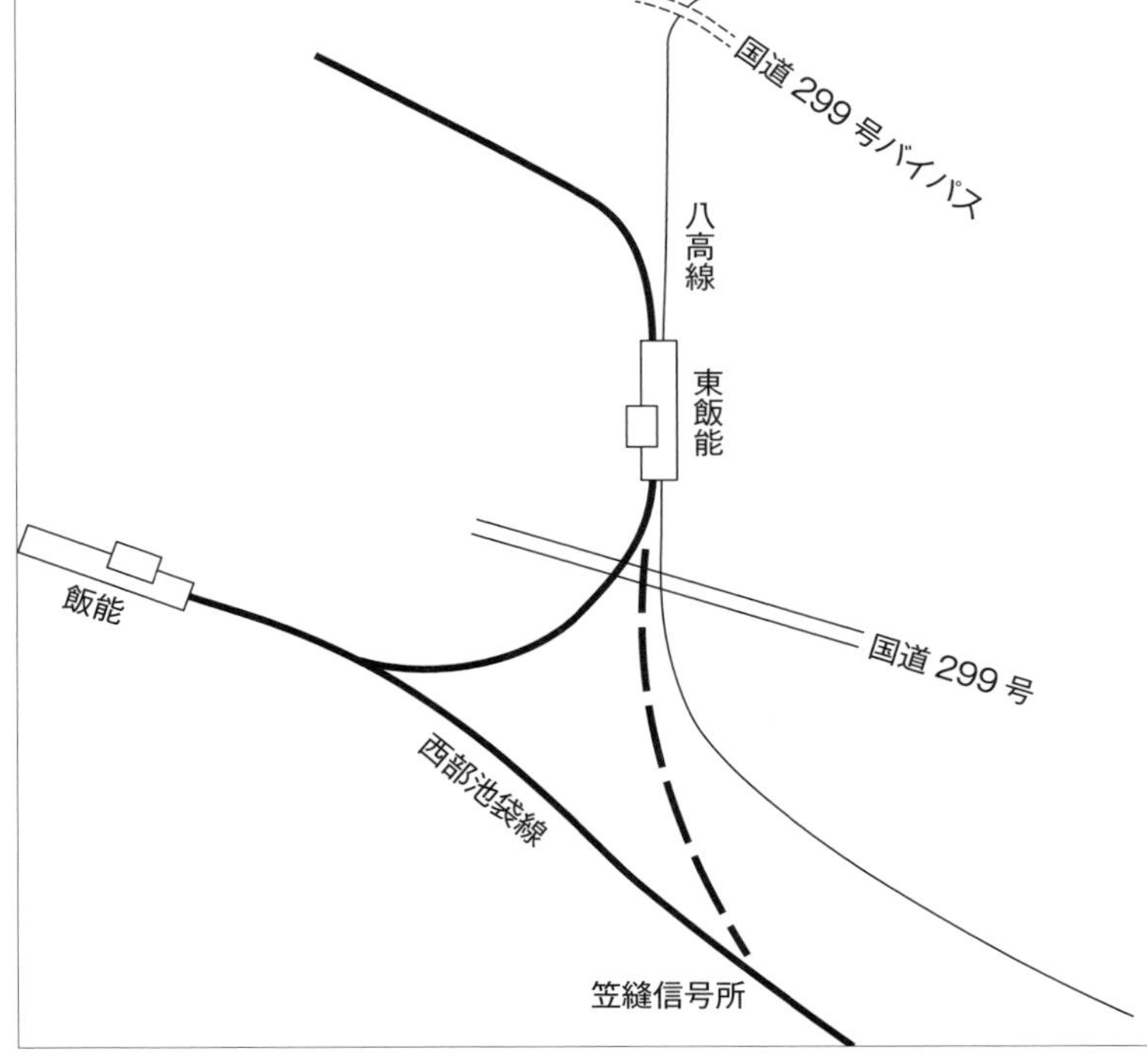

笠縫信号所。奥の複線区間が池袋方、手前の単線区間が飯能方。ポイント付近の左側に短絡線の用地がある

飯能駅まで複線化されて笠縫信号所は廃止したが、短絡線との分岐のために元笠縫信号所の池袋寄りで上下線間は広がったままになっている

同笠縫信号所跡を池袋寄りから見る。右側に短絡線の用地がある

渋滞解消へ高架で建設すべき

短絡線は、笠縫信号所で右に分かれ、地平のままで右カーブしながら八高線に並行して、すぐに池袋線の飯能駅からの線路と接続する。笠縫信号所からしばらくはやや掘割状の複線、その先は地平である。用地買収はすべて終わり、途中4カ所で道路と平面交差している。

東飯能付近を再開発してもいいが、飯能の繁華街は飯能駅前から北側までのところにあり、歩けない距離ではないが遠くなる。西武は自社のショッピングセンター「PePe(ぺぺ)」やプリンスホテル（現ホテル・ヘリテイジ飯能STA）を飯能駅に設置していることもあり、東飯能駅の再開発にあまり力を入れたくないようである。

また、東飯能駅の裏（東側）には、駅ビルなどを建てることができる広大な用地があるが、これはすべて国鉄清算事業団が所有している。(注30) だが、飯能駅前は狭く、このためバスターミナルも狭い。八高線も電化されたことでもあるから、JR東日本や飯能市などと協力して、拠点を東飯能に移してもいい。

ただし国道299号と平面交差しているのは、けっしていいことではない。八高線とともに池袋線東飯能駅を高架にして、短絡線も笠縫信号所から高架で建設するのがベターである。

注30：現在は丸広百貨店飯能店や東口駅前広場、住宅地に転用されている。

沿線開発にはまずアクセス向上を

よほどのことがない限り工事は再開しないということだが、前述のように飯能駅前は狭いから、新しい飯能の玄関駅として東飯能駅を大改良するとともに、東飯能の駅名ではださいから「新飯能」に改称すればいい。

この場合、運転系統が問題になる。西武秩父駅に直通する特急と快速急行（現在は西武秩父直通の快急は走っていない）は飯能駅でスイッチバック、他はほとんど飯能で運転系統を分けており、飯能駅で乗り換えになっている。

短絡線ができた場合、特急、快速急行は短絡線経由となって飯能駅を通過することになる。しかし、飯能駅の乗降客は多いから、西武秩父駅まで行く特急と快速急行は短絡線経由、その他は飯能行とし、短絡線経由はすべて東飯能駅に停車して飯能駅からの電車と接続する必要がある。

しかもホーム上接続とするのならば島式ホーム2面3線とし、中線に特急が停車して飯能発と飯能行の両電車が同時進入して両側に停車して接続するか、中線に飯能―東飯能間の区間運転の電車を走らせて、特急は東飯能駅では上

東飯能駅近くの飯能信用金庫本店の屋上から見た飯能短絡線。右の電車が走っている線路が西武池袋線、手前から左にカーブしている線路がJR八高線、その間に舗装されて細長く延びているのが飯能短絡線の路盤

西武東飯能駅から見た短絡線。池袋線は右カーブして飯能駅に向かい、短絡線はまっすぐ進む。左の線路はJR八高線

三菱鉱業セメントでセメント生成のために使用する重油積載のタンク貨物列車。牽引機はE851形強力機関車

池袋線には小口貨物列車も走っていた

短絡線用地から元笠縫信号場を見る。走っているのは特急ニューレッドアロー号10000系

舗装されている短絡線路盤

現在の飯能駅。同駅は貨物列車の運転がなくなったので機折線は撤去、機回線などは留置線に転用されている

下電車とも同時に停車し、区間電車に乗り換えできるようにすればいい。このとき区間電車は上下特急が到着する前に東飯能駅に到着、上下特急が出発後に飯能駅へ出発することになる。快速急行などもそうすればいい。

だが、現状では短絡線をつくっても、走る電車の本数は少ない。やはり以遠の乗客が増えてこそ、特急や快速急行の運転本数を増やせるというものである。そのためには大規模住宅開発、あるいは観光施設の増強である。

正丸（しょうまる）や秩父という観光拠点があるが、これだけでは短絡線の建設を再開しなくても、飯能駅のスイッチバックでも充分間に合う。だが、西武秩父線沿線にはまだまだ開発の余地はある。しかし、そこへ行くまでの池袋線は飽和状態で、線形も悪いから、時間がかかる。

今後、地下鉄有楽町線乗り入れと練馬―石神井公園（しゃくじいこうえん）間の複々線化（注31）で線路容量はあくから、少しは特急や快速急行のスピードアップがなされる。短絡線ができればさらに5分短縮する。観光設備や宅地を開発するにはまずアクセスをよくすべきである。

飯能市の交通軸の再編、以遠の開発のために、まず短絡線を建設したほうがよいように思われる。

今もそのまま放置されている飯能短絡線の用地

それから27年経った令和5（2023）年の現在もほとんど変わっていない。短絡線用地はすべてそのまま残っている。ただし東飯能駅は平成11（1999）年2月に

注31：ともに現在は完成している。

注32：線路をまたぐ横断橋のことを鉄道では跨線橋と呼び、跨線橋と一体にした駅事務室（駅本屋）と改札口を設置した駅を橋上駅という。

西武・JRともに橋上駅化[注32]して改札口を分離、平成12年10月に自由通路が完成して西側から利用できるようにするとともに西口駅前広場を設置した。その代わりに短絡線完成後に片面ホームを島式ホームにする用地を自由通路と西口階段に転用された。

これで短絡線を完成させて島式ホーム化することは、再び大きな工事が必要になってしまう。東飯能駅の東口にある駅ビルには丸広百貨店が平成12年に入居した。平成18年に売り上げが少ないとして休店したが21年から再び営業を開始して現在に至っている。

飯能駅も終端側の県道218号との踏切は廃止された。廃止後も道路上にしばらく線路は残っていた。これも撤去されて駅もリニューアルされたものの、終端側は県道のところまで線路は延びたままになっているだけで、駅構内の配線はあまり変わっていない。

それでもいつか短絡線が必要になるかもしれないということで、短絡線用地はそのまま残っている。一時は付近の道路の渋滞解消のために道路化する話もあったが、国道299号バイパスができてあまり混まなくなったために、その必要はほとんどなくなった。今後も空き地のままの状態で幻の短絡線という光景が続くことだろう。

右のラビューが走っている線路池袋線飯能方、左側の空き地が飯能短絡線予定地

現在も短絡線用地はそのまま残っている。左に飯能駅に向かうラビューが走っている

飯能駅から西武秩父方面（左の単線）と池袋方面（電車が走っている右の複線）が分かれる。奥に短絡線用地がある

東京西郊の新線計画――京王相模原線、小田急多摩線

京王、小田急は城山を目指していた

京王帝都電鉄[注33]（現京王電鉄）の相模原線は、橋本駅まで平成2年に開通して全通をみたとされているが、当初の計画は橋本駅からさらに西進して城山を経由、津久井町の相模中野駅[注34]を終点としていた。小田急電鉄多摩線も、多摩センターから別ルートで橋本駅を経由して城山駅[注35]を終点にするつもりだった。

京王、小田急はともに昭和39（1964）年に免許を申請し、京王は京王多摩川―稲城中央（現稲城）間、小田急は喜多見―稲城本町間の免許を同年中に取得した。41年には小田急はルートを新百合ヶ丘―城山間に変更して再申請、京王はこの年に稲城中央―相模中野間の免許を取得した。小田急の変更ルートの免許取得は42年である。

平成2年に京王が橋本駅まで、小田急はさらにルート変更して唐木田駅まで開通したが、京王は昭和63年に橋本―相模中野間の免許を失効させ、小田急はその1年前の62年に多摩センター―城山間の免許を失効させて、新たに多摩センター―唐木田間の免許を取得している。

これによって、両電鉄の以西への延長は中止されたが、小田急唐木田駅の先には車両基地が併設され、車両基地とは別に先への延長を考慮して本線線路が延びている。

注33：戦時の交通統合で東急は京浜電気鉄道、小田急電鉄、京王電気軌道と合併して大東急と言われていた。戦後にこれら元の3社は東急から分離することになったが、京王電気軌道だけでは規模が小さすぎて経営基盤が弱いと判断された。大東急になる前に小田急電鉄は傍系の帝都電鉄（現井の頭線）と合併していた。この帝都電鉄を京王電軌と一体化して分離することにして、社名を京王帝都電鉄とした。略称は京帝とされていたが、一般には京王と呼ばれていたので、平成10（1998）年に帝都の文字をとって京王電鉄となった。

注34：津久井合同庁舎付近の津久井湖畔

注35：城山湖東岸

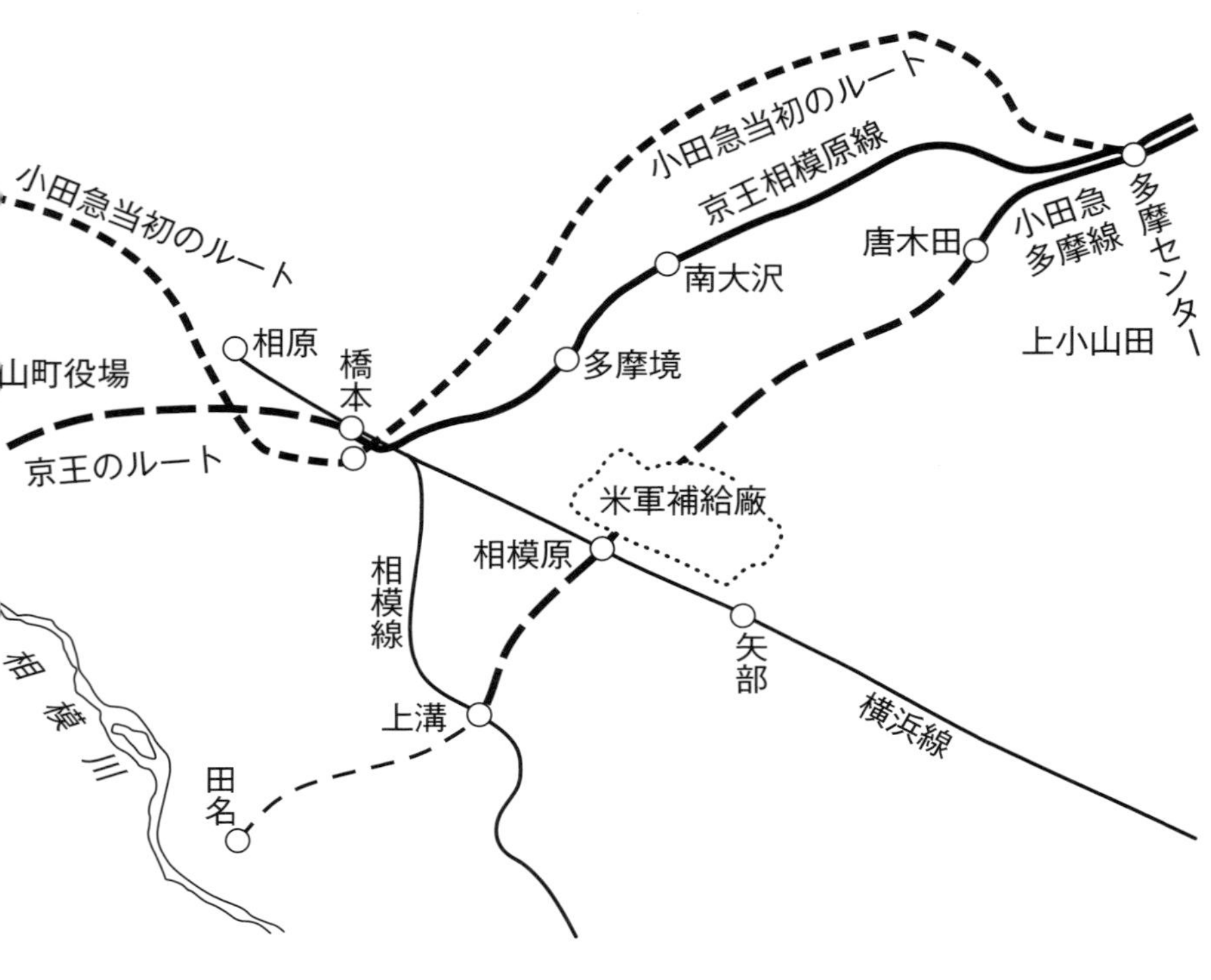

京王も終点橋本駅はいかにもこの先へ延びることを前提にしており、島式ホームの先をすぼませながら線路が伸びている。

昭和60年の運輸政策審議会答申第7号では小田急は唐木田駅から横浜線方面への延伸が挙げられており、神奈川県の鉄道整備計画には小田急の唐木田―相模原間とともに、津久井までの京王相模原線の延伸も折り込まれている。さらに相模原市では、相模大野―麻溝台―橋本間の新しい交通システムの整備とともに、相模原―上溝―田名間に小田急を延長することを考えている。

地元自治体で結成した団体として、小田急新路線建設促進協議会と京王帝都新路線建設促進協議会の二つがあった。小田急のほうは相模原市、町田市、城山町（現相模原市緑区城山）が参加し、発足は昭和33年で、小田急が唐木田駅にルートを変更した1年後の昭和63年に解散している。京王のほうは相模原市、八王子市、町田市、多摩市、稲城市、城山町、津久井町（現相模原市緑区中野）が参加し昭和39年に発足、京王が橋本まで開通した平成2年に解散している。

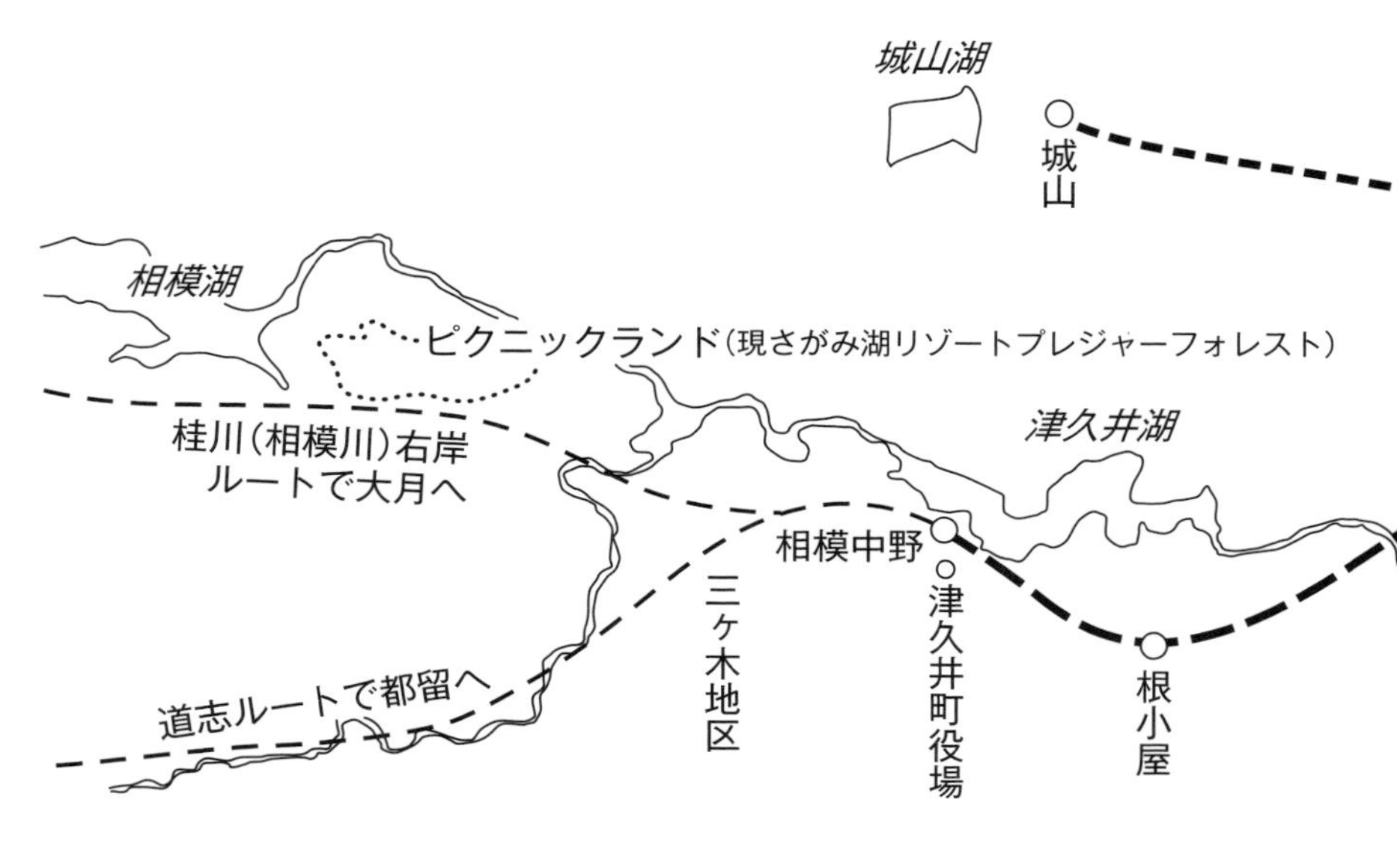

それでも京王が建設を断念して鉄道が通る予定がなくなった城山町、津久井町、それに相模原市はなんとか延伸を望んでいる。並行する国道413号が慢性的に渋滞しているからである。

京王、小田急の計画ルート

京王の相模中野駅までのルートは、橋本駅を出ると単線となり、しばらく横浜線と並行して左に曲がり、ダイエー(現ラ・フロール総合ショッピングセンター)付近を通って二本松駅となる。ここから城山南部を通り、小倉橋付近で相模川を渡る。城山の南を回り込むようにして、分譲住宅の津久井レイクタウンがある根子屋付近を通って津久井湖に出て、現在の津久井合同庁舎あたりを相模中野駅にする予定だった。

このルートに沿って京王は用地を買収していたが、そのほとんどを売却してしまっている。未買収地ももうこのあたりは住宅がびっしり建っているので、建設を復活するのは難しい。

小田急は最初、橋本駅から京王よりも北部側のルー

小田急唐木田車庫の東側（右）には相模原方面の本線が用意されている

京王橋本駅のいちばん端は延長できるようになっている

トで城山湖に行く予定で、それを見越して現在の法政大学城山サッカー場の東側あたりに分譲住宅の城山レイクタウンとして一部販売したが、今ではこの名称さえなくなっている。

唐木田ルートに変更してからは、単に〝横浜線方面に延長〟としか記述されていない。横浜線との接続駅は、相模原市では相模原駅としているが、相模原駅の北側には米陸軍相模原総合補給廠（以下相模原補給廠）がある。ここに溜め込んでいた物資は湾岸戦争のときにだいぶ使って、一部の倉庫はカラになっている。とはいえ、返還[注36]は難しいが、地下で貫いてしまえば問題はないだろう。ただし、核シェルターがあれば問題である（これを使えば穴を掘る手間はいらないかもしれないが）。いずれにしろ防衛施設庁や米陸軍との折衝が必要である。相模原補給廠を避けるとすれば矢部である。ここならば唐木田駅からまっすぐ進んで上小山田を貫くだけですむ。

ただし、横浜線から先の上溝へ延長する場合は、相模原経由のほうが建設しやすい。相模原の市街地を進むのだから地下線となるので、上溝へのルートをとるとき線形をよくすることができるのは相模原駅からのほうである。

注36：現在は北西側の一部が返還されている。

地元は通勤路線として延伸に期待

京王相模原線の延長は、取得していたルートではもう家が建て込んでいて、買収するには相当な覚悟と時間が必要である。

ところで平成８（１９９６）年現在において横浜線の相原―片倉間の西側では八王

子ニュータウン（現八王子みなみ野シティ）が建設中で、横浜線も最寄りのところに新駅（八王子みなみ野）が平成9年春に開業する。だが、都心に出るには橋本駅か八王子駅に出て乗り換えなくてはならない。これを解消するために、京王が橋本駅から八王子みなみ野シティの南をかすめて西進すればどうだろう。

京王が橋本以西の延長をあきらめた一番大きな理由は、橋本から先はニュータウン鉄道としての補助が出ないことである。八王子みなみ野シティに入れば、再びニュータウン鉄道ということになる。つまり、横浜線と並行して相原駅の先で左に曲がり、ニュータウンの南側に駅をつくるのである。このとき相原に駅を併設すると橋本―相原間には補助金が出ない。国が認定するニュータウン線は所定のニュータウンから出たときは、次の駅までしか適用されない制度になっている。京王の多摩境駅が南大沢―橋本間の開通と同時に開設しなかったのもこのためである。

ともあれ八王子みなみ野シティの南側にある七国尾根緑地をトンネルで抜けてみなみ野シティの南端に駅を一つ設けて、そこから南西に進んで城山町に入り、町役場（現相模原市緑区城山総合事務所）の西側あたりに駅をつくればいい。あるいはもっと北側を進んで法政大学のキャンパスあたりに駅を設け、ここから山を貫いて城山湖を経て津久井町の三井、そして津久井湖を渡って六本松（国道413号と同旧国道との合流点）あたりを相模中野駅にすればいい。

さらにここから三ケ木の神奈中バス西津久井営業所を経て相模湖ピクニックランド（現さがみ湖リゾートプレジャーフォレスト）の南を通り、中央線の相模湖に達するか、そのまま相模湖の南側を進んで山梨県に入れば、中央線以外に足が増える。中央線の中距離電車（普通）は115系を使っている。115系はセミクロスシートとはいえ乗り心地と居住性が悪い。京王のほうが乗り心地がいいし、ここまでくれば京王もクロスシート車をつくるだろうからである。今でも新宿に行くには、運賃が安いこともあって高尾駅から京王に乗り換える人が多いのである。

現在の中央線の中距離電車は東海道本線東京口で使用していた211系に置き換わっている。211系は空気バネ台車なので乗り心地が良くなり、ボックスシートもかけ心地がよくなった。しかし、すべてがボックス式セミクロス車ではなく、約半数はオールロングシート車になっている。

また、高尾以東の電車区間ではE233系10両編成に置き換わり、高尾以西にも一部の快速、特快、通勤特快の直通電車が増えた。まもなく2階建てグリーン車が2両増結されて12両編成になって高尾以西ではそれなりに快適になってきている。

相模湖駅に行くのもいいが桂川（相模川は山梨県に入ると桂川となる）の南側を西に進んで大月駅まで達して、ここから富士急行を軌間1372㎜に改軌して乗り入れれば、京王は完全な観光鉄道になる。

京王は、公式にはいわなかったが、相模中野駅から大月方面まで延ばして富士急に乗り入れることを夢見ていた。そのため、相模原線の当初の計画では、私鉄の新幹線と銘打って160㎞運転をし、さらに近鉄南大阪線のように30分ごとに座席指定のデラックス特急を運転するつもりだった。相模中野までの延長だったならば、その必要はなかったはずで、160㎞運転の計画は大月方面まで延ばす予定だったからである。ただし、ルートは相模中野駅から国道413号、通称道志道（どうしみち）沿いに都留（つる）に達して、ここから富士急に乗り入れるほうが有力だったという。

それはともかく、橋本駅から延長する可能性が一番あるのは八王子みなみ野シティまでである。これでは、城山町、津久井町を通る国道413号はいつまでたっても慢性渋滞状態（津久井広域道路が計画されているが）となり、そこを走るバス路線もいつまでたっても時間がかかる。

相模原線が橋本駅で終点となった時点から、相模原市、城山町、津久井町は延長運動をはじめている。しかし、なかなか難しいので、比較的簡易に建設できるモノレールや新交通システムにすることも考えられていた。モノレールであれば多摩都市モノレールと接続して、結構なモノレール網ができあがるが、多摩モノレールとて現建設区間だけで手一杯、その他の区間はなかなか進まない状態である。また、道路上を走るときは、その道路は幅員25m以上、つまり4車線以上にすることと規定されている。413号は2車線、その南に4車線の広域道路が計画されているが、ほとんど手つかずで、しかも遅くて、乗り換えることになる。モノレールも難がある。

橋本以遠の相模原線延長が今後どうなるかはまったく不明瞭である。

小田急多摩線の延長は、新百合ヶ丘以東の小田原線の複々線化の目処がついてから取りかかることにしている。しかし、この複々線化は梅ヶ丘―和泉多摩川間は進んでいるが、下北沢付近は手つかずの状態で、目処がつくのは相当先である（現在は代々木上原―登戸間が完成）。

それに唐木田以西は多摩ニュータウンの区域外で補助は出ない。ただ、この先の町田市上小山田地区区画整理組合では、ほぼ無償で用地を提供するという。これは明るい材料だから、小山田までの延長はできるかもしれない。さらに相模原駅か矢部駅までならば自力で建設できよう。しかし、上溝駅となればなかなか難しいだろう。50万都市となった相模原市[注37]が地下鉄としてつくるか、あるいは小田急に乗り入れ可能なLRT＝軽快電車路線としてつくるしか方法はないだろう。

現在はバスで事足りているが、リニアの開通で橋本駅周辺の発展如何では京王相模原線の延伸も一つの選択肢である

圏央道の供用開始で国道16号へは121号を通らずとも山梨県側から厚木方面に行けるようになった。その圏央道の相模原インターチェンジから東進する県道510号津久井広域道路もすでに完成して供用されている。そのために国道413号の渋滞はかなり解消されている。

現在、渋滞しているのは相模原赤十字病院付近と城山ダム付近から谷ケ原浄水場まで朝ラッシュ時東行が、夕方は西行が県道65号の合流点を先頭にして少し渋滞するだけである。このためバスは以前よりも比較的スムーズに運行されるようになった。ただし橋本駅では北口のロータリーで発着するので、横浜線との踏切がある国道16号の側道を通らなければならず、橋本駅北口へは遠回りするので、そのあたりがネックで

注37：津久井町や城山町、相模湖町、藤野町と合併して現在は人口72万人。

横浜線八王子行の電車の後部から見た京王橋本駅の端部。現在は端部の手前に高層マンションが建っているので、横浜線電車から京王の端部は見えにくくなっている

京王橋本駅の2番線は左に曲げて1番線と合流して単線で延伸できるように用意していた。しかし、高層マンションが立ちふさがるように建ってしまい通常の延伸は不可能になった。延伸する場合は右に曲げて横浜線の直上に高架線を設置するしかないと思われる

京王相模原線の橋本駅手前から見た開削工法で地下駅のリニア神奈川県駅を建設中

ある。

現在、橋本駅に隣接してリニア中央新幹線の「神奈川県駅」が建設中である。それに伴って両駅付近（横浜線橋本駅の南口側）は再開発中なので、これが完成すればバスもスムーズに橋本駅（南口）に行けるようになる。

津久井地区の人口が増えつつあるところから輸送力不足になる可能性があるため、まずは定員が多い2車体連接バスを走らせれば今のところは対応できる。

しかし、橋本駅に併設してリニア神奈川県駅ができることから、将来的には、東海道新幹線新横浜駅がビジネス地区になっているように、橋本駅周辺もそうなってしまうことになろう。

住宅地としては京王相模原線が貫通している多摩ニュータウンがあるけれども、まだ開発余地がある津久井地区、八王子みなみ野地区の西側には未開発地がある。多摩都市モノレールの乗り入れ計画があるが、橋本地区へは相原駅から横浜線で行くことになる。

橋本駅の発展次第では橋本駅から相原駅の西北地区、城山湖東側を経て、津久井湖の北部の三井地区に達して津久井湖を渡って三ケ木バスターミナルまで延ばせば、沿線が優良ベッドタウンになる。さらに中央線相模湖駅まで延ばすと、途中にさがみ湖リゾートプレジャーフォレストという行楽地があり、相模湖畔とともに行楽客が利用するだろうし、中央線相模湖駅以西の沿線から京王に乗り換えて橋本駅や都心への短絡ルートとして利用されよう。幻の鉄路が形を変えて復活する可能性はある。

小田急多摩線の延伸はいまだに進んでいない

小田急多摩湖線のほうは、平成12（２０００）年に国土交通省の運輸政策審議会答申第18号でも、横浜線を通って相模線方面への延伸を平成27（２０１５）年度中までに整備を検討すべき路線して取り上げられた。

しかし、小田急としては登戸駅以西新百合ヶ丘駅までの複々線化が完成してから検討するとした。そしてそれは現在でも変わっておらず、まったく前に進んでいない。

東京都町田市を含む神奈川県各自治体は延伸に期待しており、各種の検討委員会が組織され、また、各整備新幹線の建設と同様に、私鉄の新線建設にも鉄道・運輸機構が3分の2、各自治体が3分の1支出して建設、これを各自治体も含む第三セクター鉄道か各鉄道企業体が使用料を払って運行する建設スキームができるようになった。その開業第1号は東急と相鉄の新横浜線である。

これと同様な建設スキームで、横浜線相模原駅を経て相模線上溝駅までの建設がほぼ決まっている。さらに上溝駅から西進して愛川町、清川村に達してから南下、本厚木駅に達する案も厚木市や愛川町、清川村から出されている。

しかし、これらを受けた小田急は、横浜線相模原駅までの延伸は採算が合うが、上溝駅までは採算に見合うほどの利用者はいないとして、まずは相模原駅までの延伸はしてもいいとの返答だった。

小田急としてもリニア中央新幹線の神奈川県駅へ乗り入れをしたいというところが、本音だと思われる。

JR相模原駅の東側まで米軍相模原補給廠が返還されて、新しい道路ができている。おそらくこの地下に小田急の駅が造られるようである。JR相模原駅は写真の左側、まっすぐ進んでいる道路の奥が唐木田方で、その地下を通ると思われるで

まずは返還された米軍相模原総合補給廠の北西部を通って地下に相模原駅を設置するのが一番有力である。

駅名はＪＲと同じ「相模原」にすることはないだろう。小田原線に小田急相模原駅があるからだ。わかりやすいのは「ＪＲ相模原駅前」だろうが、それは小田急にとってはプライドが許さないと思われる。中央区にあることから「相模原中央」あるいは「中央相模原」「新相模原」などがか考えられようが、いずれにしろ駅名をどうするか興味深いところである。

ともあれ上溝駅には行かず相模原駅で横浜線と直交、国道16号の地下を通って、リニア神奈川県駅の西側に小田急多摩線の駅を設置するのが、公共交通網としては一番いい選択だと思う。

もし、そこから西進するとすれば津久井広域道の地下を通って、リニア中央新幹線とともに小倉橋付近で相模川を渡り、愛川町、そして行楽地化している宮ヶ瀬湖畔遊園地を終点にすればロマンスカーが走ることになろう。しかし、その可能性はほとんどない。

小田急多摩線の延伸は相模原駅まではいずれ開通するから幻の鉄路にはならないが、相模原以遠の実現はなかなか難しいところなので、今後も幻の鉄路のままで推移すると思われる。

返還された道路から横浜線を見る。この道路の地下に多摩線延長線を設置すると横浜線をくぐって奥の道路の地下を通ると横山公園を経て上溝駅まで行ける。途中で16号の地下を通って神奈川県駅に行ける

横浜の地下にある分岐駅——地下鉄関内駅

地下鉄3号線は関内が起点ではない

横浜市営地下鉄3号線は、あざみ野—関内(かんない)間、1号線は関内—戸塚間(注38)で、1・3号線は直通運転をしており、ブルーラインの愛称が付けられている。ただし、3号線は関内駅から県庁前、山下町を経て産業道路（国道357号）沿いに本牧(ほんもく)まで行く予定だった。

ところが、昭和60年の運輸政策審議会答申第7号で、みなとみらい21線（MM21線(注39)）の新設が決まり、このMM21線が東神奈川、横浜、みなとみらい21地区を通って山下町（元町）に至り、本牧、根岸町と進んで、さらに横浜環状線を新設して上大岡、東戸塚、鶴ケ峰と通ることになった。これらの規格は東神奈川駅で横浜線と相互直通する予定だったから、狭軌架線式である。その後、相互直通相手は横浜駅において東急東横線となったが、規格は同じである。

このため、関内駅の3号線本牧方面への分岐用設備は無駄になってしまった。

注38：現在は戸塚—湘南台間が延長開通している。

注39：現在は横浜高速鉄道みなとみらい線として開通している。

上下二段式構造の関内駅

桜木町駅を出ると、3号線は市役所北側の比較的狭い道路の下を走っている。関内駅は3号線と1号線との分岐駅なので、上下線とも島式ホーム1面2線にする必要があるが、狭い道路の地下を通るためにスペースがない。このため、上下2段式の構造にした。

地下2階が戸塚方面、地下3階が新横浜方面で、地下2階の南側の2番線が1号線戸塚方面で、北側の1番線が3号線本牧方面となる予定だった。地下3階でも南側の4番線が戸塚方面から、北側の3番線が本牧方面からの線路となり、ホーム上で乗り換えられる構造であった。

山下町延長が中止されたために、1番線の線路は撤去されホームが拡張された。しかし、3番線は留置線として残っている。

鉄道整備で都心部の渋滞緩和を

平成8(1996)年時点ではMM21線は横浜からみなとみらい21地区、県庁前を経て元町まで建設中である。地下鉄あざみ野方面からMM21線に乗り換えるには横浜を利用することになるが、地下鉄横浜駅は高島屋や相鉄ジョイナスの西側にあり、予定されているMM21線の横浜駅はJR横浜駅の同じ西口側といっても結構離れており、さらに地下深くに置かれ、その先で左にカーブして東海道本線等を直交する。これでは乗り換えは大変である。

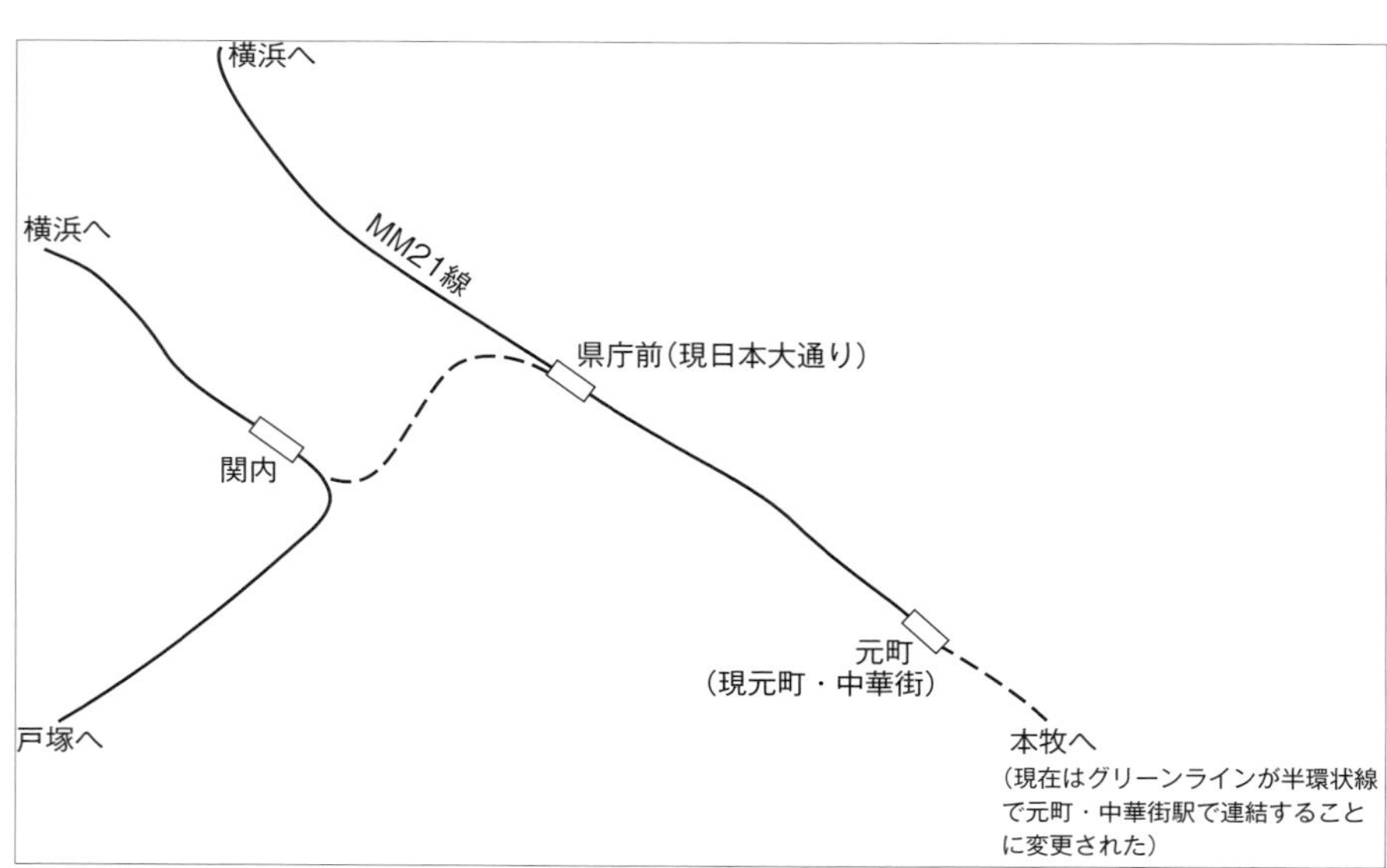

横浜の地下にある分岐駅——地下鉄関内駅

地下２階の１番線はすでに撤去されホームを拡幅している

関内駅の３番線から横浜方を見る

反対に戸塚方面からは関内駅や桜木町駅で降りて、元町、山下町、県庁、みなとみらい21地区に歩いて行くことになる。歩いて行けない距離ではないが、といっても不便である。

横浜地下鉄とMM21線とが横浜駅以外で連絡しないのは不便である。地下鉄関内駅の1、3番線からMM21線に連絡する路線が必要である。当初の計画どおり県庁へ向かえば、MM21線の県庁前（現日本大通り駅）駅に連絡することができる。

さらにここから産業貿易センターまで延ばせば、なにかと便利である。産業貿易センターにはパスポート発行所があり、隣は県民ホールで山下公園も近いし、大桟橋ふ頭にある国際旅客ターミナルにも近い。関内からこれらの施設に行くのが不便だから、周辺の道路が混みあうのである。MM21線とともに有機的な横浜都心部の鉄道網を築く必要がある。

1号線と一本化したダイヤが組まれているので、関内から県庁前まで延長するとなると、区間列車ができてしまう。しかし、平成8（1996）年時点では昼間時で8分ごと、朝ラッシュ時で5分ごとなので都心部においては運転間隔が長すぎる。都心部ではもっと短くしたほうがいいから、新羽（にっぱ）―県庁前間の系統を加えて間隔を短くすればいい。

あるいは、あざみ野方面は横浜でMM21線に乗り換えることが一応可能なので、戸塚方面からの利便性を考え、3番線を県庁前方面出発、1番線を到着とすれば、戸塚方面からホーム上乗り換えが可能になる。

一番いいのは、新羽―県庁前間の運転系統としたうえで、関内での発着ホームは3番線を県庁前方面出発、1番線を到着とすることだが、こうなると桜木町付近で県庁方面の線路を上下線で交差させなくてはならず、構造が複雑になる。

地下鉄関内駅の構造は変わっていない

関内駅の地下3階にある留置線は一般ホームとの間に壁が設置された。このため、あたかもそんなものがなかったことにして「まぼろしの線路」はわからなくなってしまった。ただし発着番線は上段の湘南台方面が2番、あざみ野方面が4番と開業時から変更はしていない。

関内駅の横浜寄りの隣の桜木町駅から運河を渡って運河パーク駅までの都市形ロープウェイであるヨコハマエアキャビンができて、みなとみらいの東側に行くのに便利になった。とはいえ運賃は片道１０００円、往復割引など各種割引はあるが定期券の設定はない。

また、行楽客ばかりが乗るために乗車に時間がかかる。ただし運河パーク駅から桜木町駅へは比較的すいている。都市型ロープウェイと言ってみても実用的ではない。

やはりブルーラインの関内駅から県庁など官庁が集まる日本大通り駅あたりまで枝線がほしいところである。前述したように湘南台方面から県庁などに行く場合、ＪＲ京浜東北線の関内駅よりも港側に地下鉄の駅があるから、近いといえば近いが、それでも結構距離がある。

もし枝線を造るとすれば、みなとみらい線の日本大通り駅と十字交差した、まさに日本大通りの地下に設置するのがいい。そして下段のあざみ野方面ホームの向かい側からスイッチバックして日本大通り駅に向かう。日本大通り駅からは上段の湘南台方面に向かうようにすれば便利である。あざみ野方面からみなとみらい地区に行くには横浜駅でみなとみらい線に乗り換えることができるが、湘南台方面か

地下３階のあざみ野方面の留置線は壁が設置されて、あることすらわからなくなっている

横浜寄りで３番留置線と４番線のあざみ野行が合流する

４番線から湘南台方面を見る。延伸用ホームがあるためここで留置線が合流すれば３番線は待避線にできる

らはみなとみらい線経由は遠回りになるからである。

そのためには使用されていない関内駅の1、3番線と3号線の湘南台方面との間に接続線を造らなければならない。そして、1、3番線でスイッチバックして湘南台―日本大通り間の直通電車を走らせる。関内駅の湘南台方面へは、ほぼ直角に曲がっているから無理なように思えるが、関内駅の湘南台寄りではすぐにカーブしていない。将来は10両編成にできるように同駅のホームの両端にそれぞれ2両ぶんの延伸できるようになっている。

あざみ野寄りは予定していた現在の2、4番線は海寄りにカーブしてから1、3番線が合流している。湘南台寄りは2、4番線のほうは直線で、その先で曲がっている。このため先細りになるものの、1、3番線への地下線を造ることができる。

そうすると湘南台方面からも含めて、島式ホーム2面4線化はできるから、平成27（2015）年7月から運転開始した快速が関内駅で緩急接続[注40]によって普通を追い越すことができるので快速の増発が可能になるし、運転間隔が短くなるラッシュ時にも快速の運転ができて便利になる。

これに枝線を設置するのがいいということだが、関内駅を追越駅にするだけでも一つの選択肢である。せっかく上下2段の島式ホーム2面4線にできる構造をもっと生かすには追越駅にすることであろう。

注40：緩急接続とは快速や特急が普通などを停車して追い越すことを言う。互いの列車間で乗り換えができて便利になる。この反語として緩急分離運転がある。緩急両列車間での乗り換えはできないが、運転間隔を詰めることができるために過密運転区間での追い越しに多用される。東海道新幹線では緩急分離運転によって「こだま」などは一つの優等列車を待避する時間は2分45秒ですんでいる。しかし京都駅では1時間に一度だけだが、「ひかり」が「のぞみ」1本を緩急接続で待避するために6分停車している。

天竜川沿いを行く——佐久間線

東海道本線と飯田線との短絡線

天竜浜名湖鉄道となった旧国鉄二俣線の遠江二俣（現天竜二俣）駅から、天竜川沿いに北上して飯田線中部天竜に至る35㎞の未開通の路線が佐久間線である。

佐久間線の建設根拠となったのは改正鉄道敷設法[注41]で予定線に選定されたためである。同法の別表60「長野県辰野より飯田を経て静岡県浜松に至る鉄道及び飯田より分岐して三留野（現南木曽）に至る鉄道」のうちの中部天竜—遠江二俣間を佐久間線と呼ぶ。辰野—天竜峡間は伊那電気鉄道、天竜峡—三河川合間は三信鉄道が開通させて、昭和18（1943）年に国に買収されて飯田線となった。遠江二俣—浜松間は遠州鉄道を買収する予定だった。飯田—南木曽間は調査線すら昇格しなかった。

佐久間線は静岡県遠州方面と長野県伊那地方を短絡するものだが、大正時代に遠州鉄道が二俣駅（現西鹿島の400m北側）から佐久間まで延長する計画を持っていた。これは現飯田線である当時の伊那電気鉄道が佐久間駅近くまで延長したので、この付近の人員、物資輸送を伊那電鉄の辰野回りに取られかけたからである。

しかし、遠州鉄道は今はない馬込駅で国鉄と接続して貨車が直通できるようになり、天竜川の水運連絡も二俣駅で密にしたために、佐久間への延伸は延期されてしまった。

注41：改正鉄道敷設法が成立する前に鉄道敷設法があった。同法は明治25年（1892）に建設すべき幹線路線を取り上げたものである。主として私設鉄道が開通させ、官設鉄道は現在の東海道本線と信越本線高崎—直江津間などしかなかった。明治39年に鉄道国有化法が成立して多くの私設鉄道が国有化された。

一方、幹線から取り残された各地方への足として大正11（1922）年に新しい鉄道敷設法が成立した。これを改正鉄道敷設法といい、その予定線は150路線にもおよび、さらにその後、多数の予定線が加えられた。改正鉄道敷設法は国鉄が分割民営化された昭和62（1987）年に廃止された。予定線から調査線、そして工事線となって着工されて開業するが、同法律が廃止されるまで予定線のままで終わった区間がほとんどである。これに関しては『全国未成線徹底検証国鉄編』（天夢人刊）ですべてを取り上げているので参照していただきたい。

だが、地元の熱意は大きく、何度も国鉄に建設を要求した結果、昭和32（１９５７）年に調査線、37年に工事線に編入され、39年には鉄道建設公団に引き継がれ、ようやく42年から遠江二俣―遠江横山間13㎞が着工された。

その後の国鉄再建法により工事は凍結、やがて中止となったが、遠江二俣―遠江横山間の路盤は50％完成していた。

佐久間線のルート

天竜二俣駅の掛川方から出て、少し並行してから左カーブして北上、二つのトンネルを抜けて国道３６２号を越えると山東駅となる。ここから国道１５２号の東側の山裾を一部トンネルで抜けながら進み、船明駅となる。

その先でまたトンネルに入り、出るとすぐに天竜川を渡る。天竜川は蛇行しており、それを突っ切るように北上するので、もう一度天竜川を渡り、１５２号を越えると相津駅となる。

さらに天竜川、１５２号と東の山裾の間を走り、三たび天竜川を越えると遠江横山駅である。

遠江横山駅まで50％の進捗率で結構、路盤はできあがっている。とくに相津駅の南の天竜川を渡る橋脚は有名である。

遠江横山駅からは佐久間線で一番長い２・４㎞の雲名トンネルに入る。これを抜けるとすぐに天竜川を渡り、天竜川左岸を進む。

左岸には県道が延びており、これと並行して龍山村（現浜松市天竜区竜山町）と佐久間町（現浜松市天竜区佐久間）の境で左に曲がり、１５２号・天竜川と別れてトンネルで山間部を抜けて、佐久間町の市街地に入り、飯田線の中部天竜駅に取り付く予定だった。

行楽を兼ねて家族同行で調査

夏にどこかへ連れていけと家族にせがまれて、それならば天竜川に行こうということになった。つまり佐久間線の取材を兼ねての家族サービスである。そのため中央道で飯田インターチェンジから南下すれば佐久間線まで日帰りで行くのは充分だろうと考えた。

だが、思い付いたのが前夜で、佐久間線について事前調査もなしに出発した。どこに建設跡があるかは調べなかったのである。天竜川に突き出た橋脚の写真の記憶だけで出発したのだが、あとでひどい目に遭うことになってしまった。

早朝、快調に中央道を進み、9時前には飯田インターチェンジを出た。ここから国道151号で飯田線とともに南下したが、国道は途中から飯田線と離れるので、天竜峡付近から県道飯田富山佐久間線（長野県道1号）に移りクルマを進めた。だが、ずいぶんと走ったところで、工事により通行止め、しかたなしに天竜峡へ戻り、151号で南下して、再び途中から左折して国道418号に出て、ようやく

中部天竜駅にあった佐久間レールパーク。昭和のはじめに京阪神地区で急行電車用として登場した流線形モハ52形は晩年には飯田線で走っていた。この車両をはじめ多数の保存車両が展示されていた。これらは現在は名古屋のリニア鉄道館に置かれている

飯田線の伊那小沢駅近くに出た。ここまで飯田インターから3時間かかってしまった。

なにしろカーナビなどなかった時代だったので、勘を頼りにして運転するしかなかった。このため途中で引き返したり、国道といってもすれ違いができないくらい狭かったりしたのと、天竜峡に寄ったりしたからである。ともあれ、ここから飯田線に沿って南下したが、クルマのガソリンが心細くなり、しかも家族全員のお腹がグウグウで文句たらたら、しかし、ガソリンスタンドも食料品店もなにもない。並行する飯田線に乗ると、よくもまあこんなところに線路を敷いたものだと感心したものだが、走っている国道もよくもまあ、つくったものだと感心するくらい、人里から離れている。

ようやく富山村（現愛知県豊根村大字富山）の集落に入り、ガソリンスタンドがあったので立ち寄ったが、営業しているのにだれもいない。しばらく待ったが人が出て来る気配もなかった。しかたなく、そのまま南下した。いうまでもなく店なども見当たらなかったから、食べ物は持参のお菓子だけである。

やっとのことで佐久間ダムに到着、ダムで休息の後、中

佐久間レールパーク

佐久間レールパークで展示していたモハ52形（左）などの車両

船明駅から中部天竜方へ続く築堤とトンネル

山東駅から天竜二俣方を見る

船明駅から天竜二俣方の完成した築堤を見る

部天竜駅にたどり着いて、「佐久間レールパーク」（現在は廃止）をひとしきり見学、そして腹ごしらえと給油を行って、佐久間線の調査にかかる。レールパークの係員に建設跡を聞いたが、国道１５２号に沿って行けばわかるとの返事で、そのとおり１５２号を南下したが、建設跡などまったく見当たらない。そうこうしているうちに秋葉ダムまで出てしまった。途中対岸の県道に出て探したが、建設跡はあるようでない。まったくわからないのである。

しかたがないので秋葉ダムの南で、先ほどの対岸にある県道に出て、県道沿いに北上した。しかし、やはりない。あるいは秋葉ダムの西側の山の中を抜けているのではないかと思い、その方面も調べたが、皆無であった。

それでしかたなしに１５２号を南下、もうあきらめかけたころ、突然右側に、記憶にある橋脚が姿を現した。「ああ、あった」と安堵したが、もう16時近い。相津駅予定地などを見て、さらにその南に続く建設跡を調査して、天竜二俣駅にたどり着き、そこからさらに南下して、東名高速道の浜松インターから帰宅の途についた。

東名高速から富士インターを経由、富士宮道路、上九一色(かみくいしき)村（現富士河口湖町富士ヶ嶺）を経て河口湖から中央道

蛇行する天竜川を佐久間線は船明―相津間で二度越える　最初の天竜川橋梁部を北側の中部天竜方から見る　対岸の国道の下にトンネル坑口が見える

中部天竜
愛知県
東栄
湯谷温泉
秋葉山
静岡県
遠江横山
相津
船明
山東
天竜二俣
天竜浜名湖鉄道
金指
遠州鉄道
遠江一宮
遠州森

最初に天竜川を渡る手前の天竜二俣寄りにあるトンネル。2回目の天竜川橋梁は橋桁が架けられて夢のかけ橋になったが、こちらは橋脚さえもつくられなかったので遊歩道橋として続けて架けられず、このため国道までは遊歩道がつながらなかった（2003年撮影）

船明—相津間　天竜川を最初に渡ってすぐのところ

２回目の天竜川を渡る橋脚　右が天竜二俣方

相津駅から見た天竜川橋梁の橋台と橋脚

相津駅予定地

相津駅の北側にあるトンネル坑口

に入ったが、帰りの所要時間は4時間余り。こんなことならば行きも東名経由にすれば、もっとじっくりと佐久間線の建設跡を見られたし、山の中を燃料計とにらめっこしながら、しかも家族に文句を言われながら走ることはなかったのにと悔やんだ。やはり事前調査をしないとひどい目に遭うという見本である。

とはいえ、家族は、あの山の中から見た、道があるのかないのかわからない山の中腹の崖縁にある集落はおもしろかったという。これだけがなぐさめである。

これでは取材にならなかったので、その後下調べをしてから、再び訪れた。前回確認できなかった天竜川を渡ってから二俣までの諸設備を調査して引き上げた。このとき、天竜二俣駅から最初に天竜川を渡るところの橋脚がないのを確認したが、資料に出ている写真にはそれがあった。撤去したように思ったものの後日、違った場所にあった。場所を間違えたのである。

特急電車直通で沿線を活性化

天竜二俣—遠江横山間は路盤が50％完成しているから、

遠江横山以北は天竜川左岸の県道と並行する予定だった

なんとか復活することは可能だが、需要予測からすると非常にきびしい経営環境である。自然には恵まれているから、途中の天竜川にアウトドア施設を設けて、クルマ利用でなく手ぶらでアウトドアを楽しめるようにするのもいいし、川下り舟を新設して、客を呼び込むこともいい。だが、直通しないと不便である。

単純に考えれば、天竜浜名湖鉄道から直通運転をすることになろうが、こうなると掛川駅か新所原(しんじょはら)駅からの運転になる。静岡駅や名古屋駅から直通列車を走らせて、観光客を呼び込むことができるが、これだけではたかがしれている。

直通運転は遠州鉄道とやるのが一番いい。浜松周辺にはたくさんの鉄道路線があったが、天竜浜名湖鉄道を別とすれば、生き残っているのは遠州鉄道だけである。遠州鉄道だけが唯一浜松駅と結んでいて、(注42)自社の努力でフリークェント運転をしたりして、生き残ったのである。

同様に直通運転してフリークェント運転を行えば、浜松都市圏の郊外鉄道になりうる。この場合、西鹿島―天竜二俣間は天竜浜名湖鉄道を経由しなくてはならないし、同鉄道と佐久間線も電化が必要である。また、フリークェント運転だけでは遠江横山駅から浜松まで時間がかかりすぎる。急行運転が必要だが、単線の遠州鉄道では難しい面もある。遠州鉄道の一部を複線化することはでき、やってみる価値はありそうである。

遠江横山から北側は未着工区間である。しかし、長い雲名トンネルさえ貫通させれば、秋葉ダムに達することができる。また、天竜川を渡り、対岸に取り付けば、ここからの県道をほぼそのまま軌道敷にすることは可能で、佐久間町の近くまで行くことができる。そしてここから山を貫くことになるが、中部天竜駅までなんとかたどり着ける。

注42：遠州鉄道の新浜松駅は高架化されてJR浜松駅から道のりで450m離れた徒歩6分のところにあるが、地上線の時代は国鉄（現JR）浜松駅も地上にあった。その頃の国鉄浜松駅の大阪寄りは新幹線と離れて扇状に広がっていた。その浜松駅の北側に遠州鉄道の新浜松駅があって、国鉄とレールが繋がっていた。

		ひかり103号		ひかり107号		ひかり113号		ひかり119号		ひかり123号		ひかり127号
東京　発	・・	730	・・	930	・・	1230	・・	1530	・・	1730	・・	1930
掛川　着	・・	829	・・	1029	・・	1329	・・	1629	・・	1829	・・	2029
	秋葉1号	天竜1号	秋葉3号	天竜3号	秋葉5号	天竜5号	秋葉7号	天竜7号	秋葉9号	天竜9号	秋葉11号	天竜11号
静岡　発	・・	800	・・	1000	・・	1300	・・	1600	・・	1800	・・	2000
掛川　〃	・・	835	・・	1035	・・	1335	・・	1635	・・	1835	・・	2035
浜松　発	826	‖	1026	‖	1326	‖	1620	‖	1826	‖	1826	‖
西鹿島　着	851	‖	1051	‖	1351	‖	1651	‖	1851	‖	1851	‖
天竜二俣　着	855		1055	1100	1355	1400	1655	1700	1855	1900	1855	2100
天竜二俣　発	└	901	└	1101	└	1401	└	1701	└	1901	└	2101
遠江横山　着	・・	903	・・	1108	・・	1408	・・	1708	・・	1908	・・	2108
中部天竜　〃	・・	950	・・	1150	・・	1450	・・	1750	・・	1950	・・	2150
天竜峡　〃	・・	1040	・・	1240	・・	1540	・・	1840	・・	2040	・・	2240
飯田　〃	・・	1055	・・	1255	・・	1555	・・	1855	・・	2055	・・	2255

東京─飯田間は豊橋経由で約5時間、岡谷経由でもそのくらいである。浜松駅から遠州鉄道～天竜浜名湖鉄道～佐久間線～飯田線と直通運転する特急を、飯田線の特急「伊那路」とほぼ同じ表定速度（54km）で走らせたとすると2時間15分、これに「こだま」の所要時間2時間5分と乗り換え時間10分を加えると、東京─飯田間は4時間30分と30分ほど短縮される。浜松停車の「ひかり」と接続すれば3時間50分である。

また、掛川駅から天竜浜名湖鉄道─佐久間線─飯田線経由の特急を走らせたとすると、東京─飯田間は4時間20分、掛川停車の「ひかり」を設定すれば3時間30分に短縮できる。

特急に高性能振り子電車を投入しても、線形が悪い飯田線、乙線規格の佐久間線、天竜浜名湖鉄道だからそれほど短縮にならないが、それでも15分ほど短縮は可能だろう。このとき東海道新幹線全列車が３００km運転をすれば、もっと短縮する。おそらく東京─飯田間は2時間55分で結ぶことは可能である。

つまり、北海道新幹線の項で述べた「3時間説」に合致する。しかも、この区間では他に競争相手は中央道経由の高速バスしかないから、独占できる。

佐久間線が建設放棄されたのは、一地方路線として位置づけたからである。実際に開通しても普通列車がコトコトと数往復運転されるにすぎなかっただろう。しかし、このような特急列車が設定されれば、違った展開になり、飯田線沿線も活性化されただろう。飯田付近だけでなく天竜峡の川下りももっと盛況になったのである。

国鉄が消極経営をしていたために建設が中止されたといえる。攻めの経営を行えば、佐久間線も生きてきたといえるのである。

佐久間線でも想定特急時刻表をつくってみた。掛川停車の３００km運転による「ひかり」と連絡する特急「天竜」と浜松発の「秋葉」を設定、天竜二俣駅で両列車を併結するようにした。併結を行わず「秋葉」は浜松停車の「ひかり」と連絡する方法をとれば、フリークェント性は増す。しかし、飯田線や佐久間線は単線だから線路容量がない。それに両列車ともに単独運転では不経済である。このためもあって併結運転とした。

とはいえ、リニア中央新幹線の長野県駅は飯田線の伊那上郷─元善光寺間の近くに設置されることになり、目下、建設工事が行われている。飯田線に新駅を設置して連絡することとなる。そのため飯田地区へは中央新幹線経由で首都圏や関西圏、名古屋圏から短時間で行けることになって佐久間線の建設復活で飯田地区を便利することは、まったく無意味なものになった。

佐久間線の橋脚が完成した天竜川橋梁は桁を設置して遊歩道に

完成していた構造物や盛土などは天竜市（合併して現浜松市天竜区）などが引き取った。相津駅予定地は〝道の駅天竜相津花桃の里となり、天竜川に完成していた橋脚に遊歩道用の桁を設置して平成12（２０００）年3月「夢のかけ橋」として完成した。道の駅から歩くことができ、そこへの上り口には「まぼろしの佐久間線」の看板が置かれている。

夢のかけ橋の先は天竜ボート場・伊砂ボートパークを経て県道３６０号まで道は続いている。幻の鉄路は遊歩道として復活している。

遊歩道もいいけれども、夢のかけ橋一帯を公園として軌間６１０㎜の軌道を設置して、有料で遊具名目の機関車列車を走らせてもいい。運賃をとると鉄道事業法に抵触してきびしい安全基準を満たした許可が必要だが、遊具としてならば最低限の安全性を保てば料金をとっての運営は可能である。

それでも費用がかかるというのなら、いろいろなところでイベントとして人気がある簡易に軌道を設置して、人がまたがって乗れる軌間5インチ（１２７㎜1番ゲージ）のライブスチーム機関車列車か、それ以上に軌間を広げた大きい列車を走らすならば、歩く人の邪魔にはならない。有料にしてもいいが、イベントとして一度無料で走らせてみるのもいいではないか。

夢のかけ橋の中部天竜寄りの相津トンネルはワインの貯蔵庫に流用され、その手前の高架橋も貯蔵庫の材料置場として使われている。

他のトンネルや盛土は一部撤去されているが、なにも利用されずにそのまま残っているところが多い。

中部天竜駅の佐久間レールパークに置かれていた通称流電と呼ばれるモハ52形など車両は、名古屋臨海高速鉄道あおなみ線の終点、金城ふ頭駅の近くにできたリニア・鉄道館に移設して展示するようになった。そのため佐久間レールパークは廃止された。

令和5（2023）年のゴールデンウィークに道の駅天竜相津花桃の里とともに中部天竜駅を久しぶりに訪問した。許可をもらって駅構内で撮影していたとき、鉄道好きらしいJR東海の若い駅社員さんと話すことになった。

このとき「佐久間線はどのような形で中部天竜駅に入ろうとしていたかわかりますか？」と聞くと、「豊橋寄りで分岐するのではなく、飯田寄りから分岐する。だから飯田方面から天竜二俣行は中部天竜駅でスイッチバックすることとなる予定だった」との返事をいただいた。

しかし、鉄道建設公団が発行した『国鉄新線建設の概要』（昭和50年9月）では本書の図の通り豊橋方から中部天竜駅に入るようになっている。

飯田線は佐久間ダムの建設により、佐久間—大嵐間がルート変更された。ルート変更は昭和30（1955）年なので、その前の佐久間線の建設ルートは飯田寄りから分岐合流する予定だったかもしれない。

鉄道建設公団が建設を引き継いだのちに、豊橋寄りから分岐合流することに変更されたと考えられる。

あるいはそれとは関係なしに昭和50年以降に飯田寄りから変更することに変更されたのかもしれない。新たな疑問が出てきたので、筆者としてはもう一度、真相はどうだったか、調べてみたいと思っている。

国立にある鉄道総合研究所が毎年10月14日開かれる「平兵衛まつり」で走らせているミニ蒸気機関車

同・牽引されるミニ客車

相津駅近くの橋脚は遊歩道橋の桁が架けられ「夢のかけ橋」となった（2003年撮影）

相津駅予定地は道の駅天竜相津花桃の里になった（2003年撮影）

道の駅から夢のかけ橋への階段付近に建っている看板（2023年撮影）

横から見た夢のかけ橋（2023年撮影）

夢のかけ橋の入口。国道側からも入ることができる（2023年撮影）

夢のかけ橋中央部分は幅が広くなっている。ライブスチームの蒸機列車を走らせるとすれば、ここで行き違いができる（2023年撮影）

夢のかけ橋を過ぎても道は続いているが、その先で天竜川を渡らず止まっている（2023年撮影）

相津駅予定地の中部天竜寄りの高架橋はその先にあるトンネルを流用したワイン貯蔵庫の資材置き場として利用されている（2023年撮影）

現在の中部天竜駅。左側の白い建物が佐久間レールパークの建屋だった（2023年撮影）

中部天竜駅から豊橋寄りを見る。佐久間線が分岐できるスペースはある（2023年撮影）

同・飯田寄りを見る。こちらも佐久間線が分岐することは可能に思える。ともあれ、下り本線がスルー線の１線スルーになっている（2023年撮影）

Profile

川島令三（かわしま・りょうぞう）
1950年兵庫県生まれ。芦屋高校鉄道研究会、東海大学鉄道研究会を経て「鉄道ピクトリアル」編集部に勤務。現在は鉄道アナリスト。著書に『全国鉄道事情大研究』（シリーズ全30巻、草思社）、『【図説】日本の鉄道　全線・全駅・全配線』（シリーズ全52巻、講談社）、旅鉄CORE『全国未成線徹底検証（国鉄編・私鉄編）』、おとなの鉄学『令和最新版！ライバル鉄道徹底研究』（天夢人）など多数。テレビ等でのコメンテーターのほか、早稲田大学エクステンションセンター・オープンカレッジ「鉄道で楽しむ旅」講師もつとめる。

※本書は、中央書院より刊行された『幻の鉄路を追う　未開業新線再生への提言』を改題・再編集したものです。

編　集　　揚野市子（「旅と鉄道」編集部）
装　丁　　栗八商店
本文デザイン　マジカル・アイランド
校　正　　芳賀郁雄

おとなの鉄学 004

新編　幻の鉄路を追う　東日本編

2023年8月11日　初版第1刷発行

著　者　川島令三
発行人　藤岡 功
発　行　株式会社天夢人
〒101-0051　東京都千代田区神田神保町 1-105
https://www.temjin-g.co.jp/
発　売　株式会社山と溪谷社
〒101-0051　東京都千代田区神田神保町 1-105
印刷・製本　大日本印刷株式会社

●内容に関するお問合せ先
「旅と鉄道」編集部　info@temjin-g.co.jp　電話 03-6837-4680
●乱丁・落丁に関するお問合せ先
山と溪谷社カスタマーセンター　service@yamakei.co.jp
●書店・取次様からのご注文先
山と溪谷社受注センター　電話 048-458-3455　FAX048-421-0513
●書店・取次様からのご注文以外のお問合せ先
eigyo@yamakei.co.jp

・定価はカバーに表示してあります。

Printed in Japan
ISBN978-4-635-82513-9